SELBST GEMACHT

Suppen

& Eintöpfe

Mélanie Martin

SELBST GEMACHT

Suppen
& Eintöpfe

Fotos: Valéry Guedes
Foodstyling: Sophie Dupuis-Gaulier

DK

SELBST GEMACHT

INHALT

EINFÜHRUNG

Iss Deine Suppe auf, damit Du groß und stark wirst! Als Kinder haben wir uns gefragt, warum Erwachsene Suppen so lieben. Überzeugt waren wir nur, wenn es Croûtons dazu gab, die gerösteten Brotwürfelchen, oder andere leckere Einlagen. Davon konnten wir nie genug bekommen. Heute erkennen wir die Vorzüge und Vielfalt von Suppen. Sie schmecken einfach köstlich und machen glücklich und zufrieden – und obendrein satt.

Suppen haben immer Saison. Im Winter zum Aufwärmen, im Sommer zum Erfrischen! Und sie sind einfach und schnell zuzubereiten. Nebenbei wird der Bedarf an Vitaminen und Mineralstoffen gedeckt.

Suppen lassen sich gut vorbereiten und sorgen für so manchen Wow-Effekt. Und wer wenig Zeit hat, nimmt alternativ küchenfertige Bouillons oder Fonds, die sich im Übrigen bestens als Basis für hausgemachte Gemüsesuppen eignen.

Egal ob Sie frisches Gemüse oder Hülsenfrüchte bevorzugen, hier finden Sie im Rhythmus der Jahreszeiten immer genau die Suppe, die gerade Ihrer Tagesform entspricht! Egal ob Tomatenfan oder Liebhaber von selbstgemachten Brühen, ob fischverliebt oder auf der Suche nach neuen Geschmacksnoten – hier gehen Sie auf kulinarische Entdeckungsreise.

Mit 75 Rezepten enthält dieses Kochbuch eine Mischung aus traditionellen, modernen und exotischen Suppen. Folgen Sie dem Rezept Schritt für Schritt und Sie werden Erfolg haben!

ALLES WAS MAN BRAUCHT

KOCHUTENSILIEN UND KÜCHENGERÄTE

UNTERSCHIEDLICHE KOCHTÖPFE

Verwenden Sie je nach Rezept und Gemüseart einen Schmortopf, einen Kochtopf mit dickem Boden oder einen größeren Gemüsetopf. Wenn Sie die Suppen im Schnellkochtopf zubereiten, sind die Garzeiten entsprechend kürzer.

STANDMIXER ODER BLENDER

Er eignet sich hervorragend für die Zubereitung von Cremesuppen.

PÜRIERSTAB ODER STABMIXER

Besonders praktisch ist ein Stabmixer. Er nimmt wenig Platz weg und ist rasch zu säubern. Damit können Sie die Suppe direkt im Topf glatt pürieren, bis eine cremige Konsistenz erreicht ist.

KÜCHENSIEB

Wird in verschiedenen Größen angeboten und sollte am besten aus hitzebeständigem Metall und möglichst feinmaschig sein. So kann man je nach Belieben die Konsistenz der Suppe noch verfeinern. Wer jedoch unter Zeitdruck steht und die Suppe fix zubereiten möchte, kann darauf verzichten.

SCHÖPFKELLE

Eine Schöpfkelle mit einem kleinen seitlichen Schnabel eignet sich zum Servieren der Suppe am besten.

ZUTATEN FÜR DEN VORRAT

IM KÜCHENSCHRANK

Bio-Brühwürfel, Olivenöl, Knoblauch, Zwiebeln, Schalotten, grobes Salz, Gewürze, Tomatenmark, Konserven (Champignons, Mais, Maronen, passierte Tomaten und Tomaten in Stücken usw.), Hülsenfrüchte (Linsen, gelbe Erbsen, Kichererbsen, Bohnen …), Suppennudeln, Reisbandnudeln, Kartoffeln, Kokosmilch…

IM KÜHLSCHRANK

Butter, Crème fraîche oder Sahne, verschiedene Käsesorten, durchwachsener Räucherspeck, roher Schinken, Küchenkräuter, Bouquet garni, Orangen, Zitronen, Ingwer, Frühlingszwiebeln, Möhren, Selleriestangen…

IM GEFRIERFACH

Erbsen, Brokkoli, Bohnen, Kürbis, Lauch, Möhren, Fisch, große Garnelen, Muscheln, Champignons, Kräuter…

SUPPEN – AUF VORRAT

Hausgemachte Suppen sind in der Regel drei bis fünf Tage im Kühlschrank haltbar, außer wenn sie mit Eiern oder Crème fraîche zubereitet sind. Dann kann man sie höchstens zwei Tage im Kühlschrank aufbewahren.

Am besten frieren Sie die Suppe sofort ein. Tiefgefroren hält sie in gefriergeeigneten Behältern etwa drei Monate.

Wenn Sie die Suppe in kleineren Mengen (à 500 ml) einfrieren, müssen Sie später nicht alles auf einmal auftauen. Achten Sie beim Einfüllen darauf, dass die Gefrierbehälter nicht randvoll sind, denn durch das Einfrieren dehnt sich das Volumen aus.

Vorsicht: Suppen mit Gemüsestückchen sollten Sie besser gar nicht einfrieren. Denn durch ihren höheren Wassergehalt verlieren sie beim Auftauen ihre Bissfestigkeit und werden matschig.

Zum Auftauen etwas Wasser in einen Topf geben, die gefrorene Suppe zufügen und unter ständigem Rühren erhitzen. Nochmals abschmecken.

GEMÜSE – RICHTIG GEGART

Prinzipiell: Für eine Suppe eignet sich jedes Gemüse. Es kann in Wasser oder in einer Brühe gegart werden. Wenn es einmal schnell gehen muss, kann man als Basis für die Suppen ohne schlechtes Gewissen Bio-Brühwürfel (gibt es von Gemüse, Fleisch und Geflügel) verwenden. In der Regel verwendet man pro ½ Liter Wasser 1 Brühwürfel (der Packungsanleitung folgen).

Grüne Gemüsesorten behalten ihre Farbe, wenn man je nach Wassermenge 1–2 Messerspitzen Natron zugibt. Zudem wird dadurch die unschöne Verfärbung verhindert, die durch die Säure in grünem Gemüse entstehen kann. Deshalb sollten Sie diese Gemüsesorten ohne Deckel garen. So können die Säuren durch den aufsteigenden Wasserdampf wegziehen.

Um dunkle Verfärbungen zu vermeiden, die bei einigen Gemüsesorten (z. B. Artischocken, Mangold, Kartoffeln, Schwarzwurzeln, Fenchel, Chicorée, Knollensellerie) nach dem Schälen oder Zerkleinern entstehen, müssen diese bis zur weiteren Verarbeitung in mit etwas Zitronensaft vermischtes Wasser gelegt werden.

Stärkehaltiges Gemüse oder Wurzelgemüse (außer Möhren, weißen Rübchen und Pastinaken) sollten Sie in kaltem Wasser aufsetzen, sonst verhärtet es. Kurz bevor das Wasser anfängt zu kochen, geben Sie Salz dazu.

Hülsenfrüchte werden immer erst zum Schluss gesalzen. Durch den Kontakt mit Salz verhärtet die Oberfläche und die Kochzeit dauert länger.

SELBST GEMACHT

BASISWISSEN

RINDERBRÜHE

Für **2** ℓ Brühe
Zubereitungszeit: **15** Minuten
Garzeit: : **2–3** Stunden
Kühlzeit: **3** Stunden

300 g Rinderknochen und evtl. etwas Markknochen • 500 g Ochsenfleisch (Schulter oder Brust) • 2 Zwiebeln • 3 Knoblauchzehen • 2 Stangen Staudensellerie • 2 Möhren • 3 Lorbeerblätter • 1 TL Pfefferkörner • 2 TL grobkörniges Salz

Außerdem:
Küchensieb (möglichst feinmaschig)

1 Den Backofen auf 200 °C vorheizen. Die Knochen auf einem Backblech in den Ofen schieben und 1 Stunde rösten, bis sie goldbraun sind.

2 Die Zwiebeln und die Knoblauchzehen schälen und halbieren. Die Selleriestangen und die Möhren in dicke Scheiben schneiden.

3 Das Fleisch und die Knochen in einen großen Kochtopf geben. Das Gemüse, die Lorbeerblätter und den Pfeffer zufügen und mit 2,5 ℓ Wasser auffüllen. Das Ganze zum Kochen bringen und anschließend bei sanfter Hitze und mit schräg aufgelegtem Deckel 2 Stunden köcheln lassen. Dabei sollte die Suppe nicht mehr kochen. Den dabei entstehenden Schaum mit einer Schaumkelle regelmäßig abschöpfen.

4 Nach dem Garen die Brühe abseihen. Die Knochen und die mitgekochten Zutaten wegwerfen. Das Fleisch anderweitig verwenden. Nach Belieben mit Salz und Pfeffer abschmecken. Bei Raumtemperatur abkühlen lassen und 3 Stunden in den Kühlschrank stellen.

HÜHNERBRÜHE

Für **2** ℓ Brühe
Zubereitungszeit: **15** Minuten
Garzeit: **2** Stunden
Kühlzeit: **3** Stunden

1 Suppenhuhn (1,2–1,5 kg) • 2 Zwiebeln • 2 Stangen Staudensellerie • 2 Möhren • 2 Lorbeerblätter • 1 Zweig frischer Thymian • Nach Belieben Liebstöckel (Maggikraut) und frische glatte Petersilie • 1 TL schwarze Pfefferkörner • 2 TL grobkörniges Salz

Außerdem:
Küchensieb (möglichst feinmaschig)

1 Die Zwiebeln schälen und halbieren. Die Selleriestangen und die Möhren in dicke Scheiben schneiden.

2 Das Suppenhuhn unter klarem Wasser gut säubern. Alle Zutaten in einen großen Kochtopf geben. Mit 2,5 ℓ Wasser auffüllen, salzen und pfeffern. Das Ganze zum Kochen bringen und anschließend bei sanfter Hitze und mit schräg aufgelegtem Deckel 2 Stunden köcheln lassen. Dabei sollte die Suppe nicht mehr kochen. Den dabei entstehenden Schaum mit einer Schaumkelle regelmäßig abschöpfen.

3 Nach dem Garen die Brühe abseihen. Die mitgekochten Zutaten entsorgen. Das Fleisch vom Suppenhuhn anderweitig verwenden. Nach Belieben mit Salz und Pfeffer abschmecken. Bei Raumtemperatur abkühlen lassen und 3 Stunden in den Kühlschrank stellen.

4 Danach das erkaltete Fett mit einer Schöpfkelle oder einem Löffel von der Oberfläche abnehmen.

FISCHBRÜHE

Für **1,5** ℓ Brühe
Zubereitungszeit: **15** Minuten
Garzeit: **20–25** Minuten

1,2 kg Fischköpfe und Gräten (vom Fischhändler) • 1 Zwiebel • 1 Schalotte • 1 Möhre • 30 g Butter • 1 Bouquet garni (Kräutersträußchen aus Thymian, Petersilie, Lorbeerblatt) • 1 TL Pfefferkörner • 1 TL grobkörniges Salz

Außerdem:

Küchensieb (möglichst feinmaschig)

1 Kiemen aus den Fischköpfen entfernen (sonst wird die Brühe bitter). Alle Teile gründlich abspülen und grob teilen. Die Zwiebel und die Schalotte schälen und fein hacken. Die Möhre ebenfalls schälen und in Stücke schneiden.

2 Die Butter in einem großen Kochtopf aufschäumen und die Zwiebel und die Schalotte darin anschwitzen. Die gut abgetropften Fischstücke zufügen und bei mittlerer Hitze kurz anbraten, ohne dass sie Farbe annehmen. Mit 2 ℓ kaltem Wasser auffüllen und das Bouquet garni, die Möhrenstücke, Salz und Pfeffer zugeben. Bei milder Hitze langsam zum Kochen bringen und mehrmals den Schaum abnehmen. Alles 20–25 Minuten ohne Deckel köcheln lassen.

3 Die Fischbrühe abseihen und direkt verwenden oder bei Raumtemperatur abkühlen lassen und in den Kühlschrank stellen oder auf Vorrat einfrieren.

GEMÜSEBRÜHE

Für **3** ℓ Brühe
Zubereitungszeit: **20** Minuten
Garzeit: **1** Stunde **30** Minuten

2 Zwiebeln • 3 Gewürznelken • 2 Möhren • 2 weiße Rübchen • 2 Stangen Lauch • 1 Stange Staudensellerie • 1 Bouquet garni (Kräutersträußchen aus Thymian, Petersilie, Lorbeerblatt) • 1 Bund glatte Petersilie • 1 EL Pfefferkörner • 2 TL grobkörniges Salz

Außerdem:
Küchensieb (möglichst feinmaschig)

1 Das Gemüse gut und gründlich waschen. Die Zwiebeln schälen und halbieren. Eine Zwiebelhälfte mit den Gewürznelken spicken. Das restliche Gemüse ungeschält mit einem Küchenmesser in grobe Stücke schneiden.

2 Alle Zutaten in einen großen Kochtopf geben und mit 4 ℓ Wasser auffüllen. Salzen und pfeffern. Bei milder Hitze langsam zum Kochen bringen und ohne Deckel 1,5 Stunden köcheln lassen.

3 Nach Belieben mit Salz und Pfeffer abschmecken. Die Gemüsebrühe abseihen, ohne dabei das Gemüse zu stark auszudrücken, damit die Brühe klar bleibt. Die Gemüsesuppe direkt verwenden. Oder bei Raumtemperatur abkühlen lassen und in den Kühlschrank stellen oder auf Vorrat einfrieren.

IN WÜRFEL SCHNEIDEN

1 Die Möhren schälen und der Länge nach in etwa 6–7 cm lange Stücke schneiden, diese dann halbieren.

2 Die halbierten Stücke in etwa 5 mm dicke Scheiben schneiden. Um gleichmäßige Scheiben zu erhalten, können Sie einen Gemüsehobel verwenden.

3 Dann einige Möhrenscheiben übereinander legen und in etwa 5 mm dicke Streifen schneiden.

4 Aus diesen Streifen kleine Päckchen bilden und in 5 mm dicke Würfel schneiden.

GROB SCHNEIDEN ODER HACKEN

1 Die Schalotte schälen und mit der flachen Seite auf die Arbeitsfläche legen und mit einem Küchenmesser bis auf den Wurzelansatz in feine Scheiben schneiden.

2 Die Schalotte nach einer viertel Umdrehung je nach Dicke zwei bis drei Mal quer schneiden.

3 Die Schalottenscheiben fest zusammenhalten und längs schneiden.

FEIN SCHNEIDEN, FEIN HACKEN

1 Die Zwiebel schälen und halbieren. Mit der flachen Seite auf die Arbeitsfläche legen.

2 Den Wurzelansatz leicht angeschrägt herausschneiden. Die Zwiebelhälften mehrmals quer schneiden.

3 Beide Hälften längs fein hacken, wie es die natürlichen Linien der Zwiebel vorgeben.

SCHNITTLAUCH IN RÖLLCHEN SCHNEIDEN

1 Den Schnittlauch verlesen und auf einem Küchenpapier trocknen lassen.

2 Mit einem scharfen Küchenmesser 2–3 mm feine Röllchen schneiden.

BASILIKUM FEIN SCHNEIDEN

1 Die Basilikumblättchen von den Stängeln abzupfen, waschen und auf einem Küchenpapier trocknen lassen.

2 Fünf oder sechs Blättchen übereinander legen, dann längs einrollen und in 1–2 mm feine Streifen schneiden.

ANSCHWITZEN

1 Die Zwiebel oder die Schalotte schälen und fein hacken.

2 In der Pfanne oder Schmortopf 2 EL Olivenöl erhitzen und die Zwiebel- oder Schalottenwürfel mit einer Prise Salz bei mittlerer Hitze anschwitzen.

3 So lange, bis die aufsteigenden Dämpfe nicht mehr in den Augen brennen und die Zwiebeln oder Schalotten glasig sind.

SELBST GEMACHT

GEMÜSE-SUPPEN

EINFACH

Für **4–6** Personen
Zubereitungszeit: **20** Minuten
Garzeit: **30** Minuten
Budget: €

MARONENCREMESUPPE MIT GERÄUCHERTER ENTENBRUST

Separat:
100 g vorgegarte Maronen (Vakuumverpackung oder Dose) •
30 Scheiben geräucherte Entenbrust

Für die Cremesuppe:
2 Schalotten • 30 g Butter • 500 g vorgegarte Maronen (Vakuumverpackung oder Dose) •
800 ml Geflügelbrühe (s. S. 15) oder 1 Würfel Bio-Geflügelbrühe + 800 ml Wasser •
200 g Sahne • Salz und schwarzer Pfeffer

Außerdem:
Mixer oder Pürierstab

1. Die Schalotten schälen und fein hacken. In einem Schmortopf die Butter zerlassen, Schalotten zugeben und mit einer Prise Salz unter häufigem Rühren anschwitzen. Die Maronen zufügen, Geflügelbrühe und Sahne dazugießen und mit Salz und Pfeffer würzen. Alles zum Kochen bringen und das Ganze bei schwacher Hitze zugedeckt 15 Minuten sanft köcheln lassen.

2. In der Zwischenzeit die Maronen zum Garnieren mit einem Messer grob hacken. Das Fett von den Entenbrustscheiben möglichst vollständig entfernen und beiseitestellen.

3. Die Maronen und Schalotten in der Gemüsebrühe mit einem Pürierstab oder im Mixer glatt pürieren. Die Sahne zufügen, gut verrühren und alles noch mal sanft erhitzen. Nach Belieben salzen und pfeffern.

4. Die Maronenstücke auf die Suppenteller verteilen und mit den Entenbrustscheiben kuppelförmig aufschichten. Die Cremesuppe zufügen und heiß servieren.

EINFACH

Für **4–6** Personen
Zubereitungszeit: **20** Minuten
Garzeit: **30** Minuten
Budget: €

BLUMENKOHLSUPPE MIT KNUSPRIGEM PANCETTA

Separat:
6 Scheiben Pancetta (italienischer durchwachsener Speck)

Für die Suppe:
1 Blumenkohl • 2 Schalotten • 1 l Milch • 150 g Crème fraîche • 20 g Butter • Salz und schwarzer Pfeffer

Außerdem:
Mixer oder Pürierstab • Backblech • Backpapier

1. Den Backofen auf 180 °C vorheizen. Das Backblech mit Backpapier auslegen, die Pancettascheiben nebeneinander legen. Etwa 10 Minuten goldbraun braten, danach bei Raumtemperatur abkühlen lassen.

2. Blumenkohl in einzelne Röschen teilen. Schalotten schälen und fein hacken. Die Butter in einem Schmortopf zerlassen und die Schalotten mit einer Prise Salz darin anschwitzen. Die Blumenkohlröschen zugeben und mit der Milch aufgießen. Nach Belieben salzen und pfeffern. Alles ohne Deckel zum Kochen bringen und etwa 20 Minuten köcheln lassen, bis das Gemüse gar ist. Den Topf vom Herd nehmen, die Crème fraîche einrühren und mit dem Blumenkohl zusammen glatt pürieren.

3. Die Suppe mit den knusprigen Pancettascheiben garnieren und heiß servieren.

TIPP:
Mit TK-Blumenkohlröschen spart man sich etwas Zeit.

EINFACH

Für **4–6** Personen
Zubereitungszeit: **20** Minuten
Garzeit: **10** Minuten
Budget: €

MAISSUPPE MIT WÜRZIGEN HÄHNCHENSTREIFEN

Für die gewürzten Hähnchenstreifen:
3 Hähnchenbrustfilets • 3 EL Olivenöl • 2 TL Currypulver • 1 TL Paprikapulver • Salz und schwarzer Pfeffer

Für die Suppe:
1 Zwiebel • 2 EL Olivenöl • 1 Dose Mais (etwa 500 g) • 300 ml Geflügelbrühe (s. S. 15) oder ½ Würfel Bio-Geflügelbrühe + 300 ml Wasser • 100 ml Milch • 50 g Sahne • 2 Frühlingszwiebeln • Salz und schwarzer Pfeffer

Außerdem:
Mixer oder Pürierstab

1. Die Hähnchenbrustfilets in Streifen schneiden. Zum Marinieren das Olivenöl mit dem Curry- und Paprikapulver in einer Schüssel verrühren und das Hähnchenfleisch beigeben. Alles gut durchmischen, mit Salz und Pfeffer würzen und kalt stellen.

2. Inzwischen für die Suppe die Zwiebel schälen und fein hacken. In einem Schmortopf das Olivenöl erhitzen und die Zwiebeln mit einer Prise Salz anschwitzen, dann den Mais (abgetropft) zufügen und nach und nach mit der Geflügelbrühe, Milch und Sahne aufgießen. Zugedeckt zum Kochen bringen und bei schwacher Hitze 5 Minuten sanft weiterköcheln lassen. Alles mit dem Pürierstab oder im Mixer glatt pürieren und mit Salz und Pfeffer abschmecken.

3. Das Hellgrüne der Frühlingszwiebeln in feine Ringe schneiden und zum Garnieren beiseitestellen. Die Hähnchenbrustfilets in einer Pfanne goldbraun braten. Sobald sie Farbe bekommen, die Temperatur zurückschalten.

4. Die heiße Suppe mit den gebratenen Hähnchenstreifen anrichten und mit den Frühlingszwiebelringen bestreuen.

EINFACH

Für **4–6** Personen
Zubereitungszeit: **20** Minuten
Garzeit: **30** Minuten
Budget: €

DEFTIGE KOHLSUPPE

½ Weißkohl • 4 festkochende Kartoffeln • 3 Möhren • 2 weiße Rübchen • 2 Zwiebeln • 20 g Butter • 100 g Speck, gewürfelt • 1,5 l Gemüsebrühe (s. S. 17) oder 3 Würfel Bio-Gemüsebrühe + 1,5 l Wasser • Salz und Pfeffer

1. Den Strunk vom Weißkohl entfernen und die Blätter in Streifen schneiden. Die Kartoffeln, die Möhren und die Rübchen schälen und in feine Würfel schneiden. Die Zwiebeln ebenfalls schälen und fein hacken.

2. Die Butter in einem Schmortopf zerlassen und die Zwiebeln mit einer Prise Salz darin anschwitzen. Den Weißkohl und die Möhren zugeben und bei schwacher Hitze weich garen. Das restliche Gemüse und die Speckwürfel zufügen und unter ständigem Rühren 5 Minuten weiterköcheln lassen. Mit Gemüsebrühe aufgießen. Zugedeckt noch einmal zum Kochen bringen und bei schwacher Hitze weitere 15 Minuten garen lassen.

3. Mit Salz und Pfeffer abschmecken. Die Suppe heiß servieren.

EINFACH

Für **4–6** Personen
Zubereitungszeit: **30** Minuten
Garzeit: **50** Minuten
Budget: €

LAUCHSUPPE MIT KNOBLAUCH

2 Knoblauchzehen • etwas Olivenöl • 4 mittelgroße Kartoffeln • 2 Stangen Lauch (weißer Teil) • 1 l Geflügelbrühe (s. S. 15) oder 2 Würfel Bio-Geflügelbrühe + 1 l Wasser • 25 g Butter • 100 g Sahne • Salz und schwarzer Pfeffer

Garnitur:

6 Scheiben Schinkenspeck • 6 TL Crème fraîche

Außerdem:

Mixer oder Pürierstab • Backblech • Backpapier

1. Den Backofen auf 180 °C vorheizen. Inzwischen die Knoblauchzehen schälen und halbieren, den Keim jeweils entfernen. In einem kleinen Topf die Knoblauchzehen, bedeckt mit Olivenöl, bei schwacher Hitze anbraten, bis der Knoblauch karamellisiert aussieht. Das Öl darf dabei nicht sieden. Vom Herd nehmen und abkühlen lassen.

2. Das Backblech mit Backpapier auslegen, die Schinkenscheiben darauf verteilen und 10 Minuten im vorgeheizten Backofen knusprig braten.

3. Die Kartoffeln schälen und in etwa 2 cm dicke Würfel schneiden. Den Lauch vom dunklen Grün und seiner Wurzel befreien. Die Lauchstangen längs halbieren und in 1 cm dicke Ringe schneiden.

4. Die Butter mit 2 EL Olivenöl in einem Schmortopf erhitzen und die Lauchringe darin anbraten. Bei mittlerer Hitze und unter ständigem Rühren weitere 10 Minuten garen. Die Geflügelbrühe, die Kartoffeln und den Knoblauch zugeben. Kräftig mit Salz abschmecken. Zugedeckt zum Kochen bringen und bei schwacher Hitze 20–25 Minuten köcheln lassen, bis das Gemüse gar ist.

5. Die Suppe mit dem Pürierstab oder im Mixer glatt pürieren, die Sahne untermischen und alles noch mal sanft erhitzen. Leicht salzen und pfeffern und mit einem 1 TL Crème fraîche und jeweils 1 knusprig gebratenen Schinkenscheibe servieren.

EINFACH

Für **6** Personen
Zubereitungszeit: **20** Minuten
Garzeit: **25** Minuten
Budget: €

MÖHRENSUPPE MIT ERDNUSS-CRUNCHY

800 g Möhren • 1 große Süßkartoffel • 1 Zwiebel • 800 ml Geflügelbrühe (s. S. 15) oder 1–2 Würfel Bio-Geflügelbrühe + 800 ml Wasser • 400 ml Kokosmilch • 2 EL Olivenöl • Salz und schwarzer Pfeffer

Zum Garnieren:

100 g geröstete Erdnüsse

Außerdem:

Mixer oder Pürierstab

1. Die Möhren und die Süßkartoffel schälen und in größere Stücke schneiden. Die Zwiebel ebenfalls schälen und fein hacken.

2. Das Olivenöl in einem Schmortopf erhitzen und die Zwiebel mit einer Prise Salz darin anschwitzen. Die Möhren und die Süßkartoffel zugeben und weitere 5 Minuten unter gelegentlichem Rühren bei schwacher Hitze garen. Die Brühe und die Kokosmilch zufügen und mit Salz und Pfeffer abschmecken. Kurz aufkochen und zugedeckt bei schwacher Hitze weitere 25 Minuten köcheln lassen, bis das Gemüse gar ist.

3. Die Suppe mit einem Pürierstab oder im Mixer glatt pürieren und nach Belieben mit Salz und Pfeffer nachwürzen.

4. Die gerösteten Erdnüsse mit einem Messer fein hacken oder im Mixer zerkleinern. Über die Suppe streuen und heiß servieren.

EINFACH

Für **4–6** Personen
Zubereitungszeit: **15** Minuten
Garzeit: **20** Minuten
Budget: €

ZUCCHINI-SUPPE MIT GEGRILLTEM BACON

1 kg Zucchini • 1 Zwiebel • 500 ml Gemüsebrühe (s. S. 17) oder 1 Würfel Bio-Gemüsebrühe + 500 ml Wasser • 3 EL Ricotta • 6 Scheiben Schinkenspeck (Bacon) • 3 EL Olivenöl • Salz und schwarzer Pfeffer

Außerdem:
Mixer oder Pürierstab

1. Die Zucchini streifenweise so schälen, dass noch etwas Grün stehen bleibt und in Scheiben schneiden. Die Zwiebeln schälen und in dünne Ringe schneiden.

2. In einem Schmortopf 2 EL Olivenöl erhitzen und die Zwiebeln mit einer Prise Salz anschwitzen. Die Zucchini und die Brühe zufügen, zum Kochen bringen und 15 Minuten bei kleiner Hitze weiterköcheln lassen.

3. Die Suppe mit dem Pürierstab oder im Mixer pürieren und nach und nach den Ricotta und die Brühe zufügen, bis eine cremige Konsistenz erreicht ist. Mit Salz und Pfeffer abschmecken.

4. Die Speckscheiben in einer Pfanne mit 1 EL Olivenöl kross anbraten und anschließend die heiße Suppe damit servieren.

TIPP:
Eine Prise Natron verleiht der Suppe ihre intensive Farbe.

EINFACH

Für **6** Personen
Zubereitungszeit: **15** Minuten
Garzeit: **25** Minuten
Budget: €

KRESSESUPPE MIT MEERRETTICH-NOCKEN

300 g Kartoffeln • 2 Schälchen Kresse • 30 g Butter • 1 l Geflügelbrühe (s. S 15) oder 2 Würfel Bio-Geflügelbrühe + 1 l Wasser • Salz und schwarzer Pfeffer

Für die Meerrettichnocken:
150 g Sahne • 2 TL Meerrettich • 1 Msp. Salz • schwarzer Pfeffer

Außerdem:
Handrührgerät • Mixer oder Pürierstab

1. Für die Meerrettichnocken die gut gekühlte Sahne steif schlagen, den Meerrettich vorsichtig unterheben und mit Salz und Pfeffer würzen. Kalt stellen.

2. Die Kartoffeln schälen und grob würfeln. Einige Blättchen Kresse beiseitelegen für die Garnitur. In einem Schmortopf die Butter zerlassen und die Kresse bei schwacher Hitze kurz anschwitzen. Die Kartoffeln zugeben und mit der Geflügelbrühe aufgießen. Alles zum Kochen bringen und bei schwacher Hitze ohne Deckel 25 Minuten weiterköcheln lassen.

3. Die Suppe mit dem Pürierstab oder im Mixer glatt pürieren, mit Pfeffer abschmecken und auf vorgewärmte Suppenschalen verteilen.

4. Mit zwei Teelöffeln aus der Meerrettichsahne Nocken formen und auf die Mitte der Suppe setzen. Mit einigen Kresseblättchen garnieren und warm servieren.

VARIATION:
Statt Meerrettich eignet sich auch Wasabi (sehr scharfer, grüner japanischer Meerrettich).

FÜR KÖNNER

Für **4–6** Personen
Zubereitungszeit: **25** Minuten
Garzeit: etwa **35** Minuten
Budget: €

PASTINAKENSUPPE MIT ENTENLEBER-PICCATA

700 g Pastinaken • 3 Birnen • 2 Schalotten • 3 Lauchstangen (weißer Teil) • 1 EL Olivenöl • 25 g Butter • Meersalz • 1 Lorbeerblatt • 1 Zweig frischer Thymian • 1,5 l Geflügelbrühe (s. S. 15) oder 3 Würfel Bio-Geflügelbrühe + 1,5 l Wasser • 2 EL Crème fraîche • 2 EL Ahornsirup • Salz und schwarzer Pfeffer

Für die Entenleber-Piccata:
6 Scheiben (französische) Entenleber • 1 Zweig frischer Thymian • Fleur de Sel

Außerdem:
Mixer oder Pürierstab

1. Die Pastinaken schälen und in Würfel schneiden, die Birnen ebenfalls schälen, entkernen und in Stücke schneiden. Die Schalotten schälen und fein hacken. Die Lauchstangen in Ringe schneiden.

2. Das Olivenöl und die Butter in einem Schmortopf erhitzen und die Schalotten mit 2 Messerspitzen Salz darin anschwitzen. Den Lauch zugeben und unter ständigem Rühren weitere 5 Minuten anbraten. Die Pastinakenwürfel, die Birnen, das Lorbeerblatt und den Thymianzweig zugeben und mit der Brühe aufgießen. Kurz zum Kochen bringen und zugedeckt 25–30 Minuten sanft köcheln lassen, bis das Gemüse gar ist.

3. Das Lorbeerblatt und den Thymianzweig aus dem Topf nehmen und die Suppe zusammen mit der Crème fraîche und dem Ahornsirup mit dem Pürierstab oder im Mixer glatt pürieren. Mit Salz und Pfeffer etwas nachwürzen und warm stellen.

4. In einer Pfanne bei starker Hitze die Entenleber auf jeder Seite 1 Minute anbraten und mit Fleur de Sel würzen. Die Suppe auf die Teller verteilen, mit der Piccata anrichten und mit Thymianblättern garnieren.

VARIATION:
Für dieses Rezept eignen sich auch TK-Entenleberschnitzel.

EINFACH

Für **4–6** Personen
Zubereitungszeit: **25** Minuten
Ruhezeit (für die Polenta): **30** Minuten
Garzeit: **30** Minuten
Budget: €

STECKRÜBENSUPPE MIT POLENTA-CROÛTONS

Für die Suppe:
600 g Steckrüben, geschält und in Stücke geschnitten • 200 g Kartoffeln • 2 Zwiebeln • 250 g Crème fraîche • 1,5 l Geflügelbrühe (s. S. 15) oder 3 Würfel Bio-Geflügelbrühe + 1,5 l Wasser • 3 TL Olivenöl • Salz und schwarzer Pfeffer

Für die Polenta (Maisgrieß):
8 getrocknete Tomaten (in Olivenöl) • 380 ml Milch • 75 g Polenta (Maisgrieß) • Olivenöl • Salz und Pfeffer

Außerdem:
Mixer oder Pürierstab • Rechteckige Backform • Frischhaltefolie

1. Für die Polenta die getrockneten Tomaten fein hacken. In einem Kochtopf die Milch bis kurz vor dem Siedepunkt erhitzen. Die Polenta mit einem Schneebesen einrühren, bis sich die Masse in der Milch gut verteilt hat. Mit Salz und Pfeffer abschmecken. Die gehackten Tomaten untermischen und die Polenta unter stetigem Rühren ca. 5–8 Minuten andicken lassen, bis sie schön gequollen ist. Die Backform mit Frischhaltefolie auslegen, die Polenta hineingeben, so dass eine etwa 1,5 cm dicke Schicht entsteht und glatt streichen. 30 Minuten abkühlen lassen.

2. Die erkaltete Polenta in etwa 1,5 cm dicke Würfel schneiden. In einer großen Pfanne Olivenöl erhitzen und die Polentawürfel rundherum goldbraun anbraten. Beiseitestellen.

3. Für die Suppe die Steckrüben 10 Minuten in einem großen Kochtopf mit siedend heißem Salzwasser vorgaren, abgießen und mit kaltem Wasser abschrecken. Die Kartoffeln schälen und in Würfel schneiden. Die Zwiebel ebenfalls schälen und fein hacken.

4. Das Olivenöl in einem großen Kochtopf erhitzen und die Zwiebeln mit einer Prise Salz darin anschwitzen. Die Steckrüben und die Kartoffeln zufügen. Die Geflügelbrühe zugießen, zum Kochen bringen und 15-20 Minuten weiterköcheln lassen. Mit Salz und Pfeffer abschmecken. Die Crème fraîche unterrühren, die Suppe mit dem Pürierstab oder im Mixer glatt rühren. Nach Belieben nachwürzen.

5. Die Suppe mit den Polenta-Croûtons garnieren und heiß servieren.

EINFACH

Für **4–6** Personen
Zubereitungszeit: **15** Minuten
Garzeit: **10** Minuten
Budget: €

DICKE BOHNENSUPPE

1 Zwiebel • 1 EL Olivenöl • 1 l Geflügelbrühe (s. S. 15) oder 2 Würfel Bio-Geflügelbrühe + 2 l Wasser • 600 g geschälte TK-Bohnen (Dicke Bohnen) • 2 EL Crème fraîche • Salz und Pfeffer

Zum Bestreuen:
100 g Parmesan

Außerdem:
Mixer oder Pürierstab • Käsehobel

1. Die Zwiebel schälen und fein hacken. Das Olivenöl in einem Schmortopf erhitzen und die Zwiebel mit einer Prise Salz anschwitzen. Mit der Geflügelbrühe aufgießen, zum Kochen bringen und die Bohnen zugeben. Bei schwacher Hitze 6 Minuten ohne Deckel weiterköcheln lassen.

2. Die Crème fraîche zufügen und die Suppe mit dem Pürierstab oder im Mixer glatt pürieren. Mit Salz und Pfeffer abschmecken.

3. Mit einem Käsehobel dünne Parmesanscheiben schneiden und die Cremesuppe damit garnieren. Heiß servieren.

EINFACH

Für **4–6** Personen
Zubereitungszeit: **25** Minuten
Garzeit: **25** Minuten
Kühlzeit: **2** Stunden

SPARGELCREMESUPPE MIT PARMESAN

1 großer Bund grüner Spargel • 1 Schalotte • 400 ml Gemüsebrühe (s. S. 17) oder 1 Würfel Bio-Gemüsebrühe + 400 ml Wasser • 20 g Butter

Für die Parmesan-Sahne:
100 g Parmesan • 300 g Sahne • Pfeffer

Zum Garnieren:
50 g Parmesan, in Späne gehobelt

Außerdem:
Mixer oder Pürierstab • Handrührgerät • Küchenpapier

1. Den Parmesan reiben und in der Sahne erhitzen, ohne sie zum Kochen zu bringen. Vom Herd nehmen, pfeffern und etwas ziehen lassen. Die Sahne durch ein Sieb streichen und mindestens 2 Stunden im Kühlschrank kalt stellen.

2. In der Zwischenzeit die Spargelspitzen abschneiden und beiseitestellen. Die Spargelstangen vom holzigen Ende befreien und in Stücke schneiden. Die Schalotte schälen und fein hacken.

3. In einem Kochtopf die Butter zerlassen und die Schalotte mit einer Prise Salz anschwitzen. Die Spargelstücke zugeben und 5 Minuten sanft garen. Mit Gemüsebrühe auffüllen, kurz aufkochen und bei schwacher Hitze 15 Minuten ohne Deckel weiterköcheln lassen.

4. In einem kleineren Topf etwas Wasser salzen und erhitzen. Sobald das Wasser zu sieden beginnt, die Spargelspitzen 3 Minuten darin garen. Dann den Spargel herausnehmen, in Eiswasser abschrecken und auf Küchenpapier abtropfen lassen. Zum Garnieren aufheben.

5. Die Suppe mit dem Pürierstab oder im Mixer glatt pürieren. Mit Salz und Pfeffer abschmecken.

6. Kurz vor dem Servieren die erkaltete Parmesan-Sahne mit dem Handrührgerät steif schlagen. Die Suppe mit einer Portion Sahne anrichten und mit den Spargelspitzen und Parmesanspänen garnieren.

TIPP:
Zum Garnieren können Sie auch wilden Spargel verwenden.

VARIATION:
Die Parmesan-Sahne können Sie auch im Sahnesiphon steif schlagen. Dafür brauchen Sie 2 Patronen Gas.

EINFACH

Für **4–6** Personen
Zubereitungszeit: **30** Minuten
Garzeit: **35** Minuten
Budget: €€

KÜRBISSUPPE MIT ENTENCONFIT

1 Hokkaidokürbis • 2 Schalotten • 2 EL Olivenöl • 1,5 l Geflügelbrühe (s. S. 15) oder 2 Würfel Bio-Geflügelbrühe + 1,5 l Wasser • 1 Knoblauchzehe • 2 eingelegte Entenkeulen (Entenconfit aus der Dose) • 3 EL Crème fraîche • Salz und schwarzer Pfeffer

Außerdem:
Mixer oder Pürierstab

1. Den Kürbis entkernen und ungeschält in grobe Würfel schneiden. Die Schalotten schälen und fein hacken.

2. In einem großen Kochtopf das Olivenöl erhitzen und die Schalotten mit Salz anschwitzen. Die Kürbiswürfel zugeben und bei mittlerer Hitze 5 Minuten unter häufigem Rühren andünsten. Mit der Geflügelbrühe auffüllen, bis das Gemüse ganz bedeckt ist. Gegebenenfalls etwas Wasser zufügen. Zugedeckt zum Kochen bringen und bei reduzierter Hitze 25 Minuten köcheln lassen, bis die Kürbisstücke gar sind.

3. In der Zwischenzeit den Knoblauch schälen und zerdrücken. Die Entenkeulen von den Knochen trennen, die Haut abziehen und das Fett entfernen. Das Fleisch in kleine Stücke schneiden. In einer Pfanne etwas Entenfett erhitzen, den Knoblauch und die Entenstreifen zugeben. Bei starker Hitze 5 Minuten rundum kross anbraten.

4. Den Kürbis in der Suppe mit dem Pürierstab oder im Mixer glatt pürieren und die Crème fraîche zufügen, bis eine cremige Konsistenz erreicht ist.

5. Die Entenstreifen auf der Cremesuppe verteilen. Heiß servieren.

EINFACH

Für **6** Personen
Zubereitungszeit: **20** Minuten
Garzeit: **25** Minuten
Budget: €€

STEINPILZSUPPE MIT PARMESANGEBÄCK

100 g Parmesan • 500 g Steinpilze • 2 Schalotten • 30 g Butter • 750 ml Geflügelbrühe (s. S. 15) oder 1–2 Würfel Bio-Geflügelbrühe + 1 l Wasser • 200 g Sahne • Salz und Pfeffer

Außerdem:
Mixer oder Pürierstab • Backblech • Backpapier

1. Den Backofen auf 220 °C vorheizen. Das Backblech mit Backpapier auslegen. Den Parmesan reiben, auf einer Fläche von ungefähr 10 cm im Durchmesser gleichmäßig aufstreuen und etwa 5 Minuten backen, bis der Käse schmilzt. Aus dem Ofen nehmen und erkalten lassen.

2. Die frischen Steinpilze vorsichtig abbürsten und in kleine Stücke schneiden. Die Schalotten schälen und fein hacken. In einem Kochtopf die Butter zerlassen und die Schalotten mit Salz darin anschwitzen. Die Steinpilze zugeben und unter häufigem Rühren 5 Minuten anbraten. Mit der Geflügelbrühe auffüllen. Zugedeckt bei schwacher Hitze 15 Minuten weiter garen lassen.

3. Die Suppe mit dem Pürierstab im Mixer glatt rühren und die Sahne zufügen, bis eine cremige Konsistenz erreicht ist.

4. Die Suppe warm servieren. Das Parmesangebäck in mundgerechte Stücke brechen und dazu reichen.

EINFACH

Für **4–6** Personen
Zubereitungszeit: **25** Minuten
Garzeit: **35** Minuten
Budget: €

WIRSINGCREME

300 g Kartoffeln • 2 Stangen Lauch • 350 g Wirsing • 50 g Butter • 500 ml Milch • 500 ml Geflügelbrühe (s. S. 15) oder 1 Würfel Bio-Geflügelbrühe + 500 ml Wasser • Salz und schwarzer Pfeffer

Zum Garnieren und Anrichten:
3 EL Crème fraîche • 4 EL Olivenöl • Salz und schwarzer Pfeffer

Außerdem:
Pürierstab oder Mixer

1. Die Kartoffeln schälen und in grobe Würfel schneiden. Die Lauchstangen an beiden Enden abschneiden, das dunkle Grün weitestgehend weglassen. Längs halbieren und in etwa 2,5 cm große Stücke schneiden. Den Wirsing säubern, den Strunk und die welken Blätter entfernen. Zwei Wirsingblätter beiseitelegen.

2. Die Butter in einem großen Kochtopf zerlassen. Die Kartoffeln, den Lauch und den Wirsing zugeben. Zugedeckt bei schwacher Hitze 5 Minuten dünsten und dabei mehrmals umrühren. Die Milch und die Geflügelbrühe zufügen und mit Salz und Pfeffer abschmecken. Das Gemüse bei geschlossenem Deckel zum Kochen bringen und 25 Minuten bei schwacher Hitze köcheln lassen, bis auch die Kartoffeln gar sind.

3. In der Zwischenzeit die restlichen Wirsingblätter in feine Streifen schneiden. Das Olivenöl in einer Pfanne erhitzen und die Wirsingstreifen zugeben. Dann 2–3 Minuten anbraten, bis die grünen Streifen knusprig sind. Auf dem Küchenpapier verteilen, um das überschüssige Fett aufsaugen zu lassen. Leicht salzen.

4. Für die Wirsingcreme das inzwischen weich gekochte Gemüse mit dem Pürierstab oder im Mixer glatt pürieren, bis eine cremige Konsistenz erreicht ist. Nach Belieben salzen und pfeffern.

5. Die Cremesuppe in kleine Suppenschüsseln füllen und mit einem dicken Klecks Crème fraîche garnieren. Mit den gerösteten Wirsingstreifen bestreuen. Warm servieren.

EINFACH

Für **4–6** Personen
Zubereitungszeit: **30** Minuten
Garzeit: **30** Minuten
Budget: €

TOMATENSUPPE MIT FRISCHEM BASILIKUM

1 Möhre • 1 Zwiebel • 1 Knoblauchzehe • ½ Bund Basilikum • 1 l Gemüsebrühe (s. S. 17) oder 2 Würfel Bio-Gemüsebrühe + 1 l Wasser • 1 kg Fleischtomaten • 4 EL Olivenöl • 3 EL Crème fraîche • 3 EL Pinienkerne • Salz und schwarzer Pfeffer

Außerdem:
Mixer oder Pürierstab

1. Die Möhre, die Zwiebel und den Knoblauch schälen. Die Möhre in feine Scheiben schneiden. Die Zwiebel und die Knoblauchzehe fein hacken. Die Basilikumblättchen von den Stängeln zupfen (letztere nicht wegwerfen).

2. In einem großen Kochtopf 2 EL Olivenöl erhitzen und die Möhren, die Zwiebel, den Knoblauch und die Basilikumstengel darin anschwitzen. Salzen und pfeffern. Zugedeckt 15 Minuten weitergaren lassen und häufig umrühren.

3. Inzwischen Wasser zum Kochen bringen und die über Kreuz eingeschnittenen Tomaten übergießen, mit kaltem Wasser abschrecken und abtropfen lassen. Die Haut abziehen und den Stielansatz entfernen. Die Tomaten in Stücke schneiden und zu dem Gemüse geben. Die Gemüsebrühe zufügen. Alles zugedeckt zum Kochen bringen und bei schwacher Hitze 15 Minuten garen.

4. In einer Pfanne ohne Fett die Pinienkerne unter häufigem Rühren bei mittlerer Hitze rösten, bis sie Farbe annehmen.

5. Sobald das Gemüse weich ist, den Topf vom Herd nehmen. Die Crème fraîche zufügen und gut verrühren. Die Suppe mit dem Pürierstab oder im Mixer glatt pürieren, bis eine cremige Konsistenz erreicht ist. Salzen und pfeffern.

6. Mit den Pinienkernen und den Basilikumblättchen bestreuen. Das restliche Olivenöl über die Suppe träufeln und heiß servieren.

EINFACH

Für **4–6** Personen
Zubereitungszeit: **25** Minuten
Garzeit: **30** Minuten
Budget: €

CHICORÉESUPPE MIT SCHINKEN UND KNOBLAUCHCROÛTONS

1 kg Chicorée • 1 Zwiebel • 2 EL Olivenöl • 1,2 l Geflügelbrühe (s. S. 15) oder 2 Würfel Geflügelbrühe + 1,2 l Wasser • 200 ml Sahne • Salz und schwarzer Pfeffer

Zum Garnieren:
3 Scheiben Kochschinken • 6 Scheiben Weißbrot • 2 Knoblauchzehen • 100 ml Olivenöl

Außerdem:
Pürierstab oder Mixer

1. Den Strunk der Chicoréekolben herausschneiden und wegwerfen. Die Stauden in Blätter zerteilen und in grobe Streifen schneiden. Die Zwiebel schälen und fein hacken.

2. In einem Kochtopf mit dickem Boden das Olivenöl erhitzen und die Zwiebeln mit einer Prise Salz anschwitzen, ohne dass sie Farbe annehmen. Den Chicorée zugeben und mit der Geflügelbrühe auffüllen. Zugedeckt bei schwacher Hitze 25 Minuten köcheln lassen.

3. In der Zwischenzeit den Schinken in feine Streifen schneiden und beiseitestellen.

4. Die Suppe mit dem Pürierstab oder im Mixer glatt pürieren und die Sahne zufügen, bis eine cremige Konsistenz erreicht ist. Mit Salz und Pfeffer abschmecken.

5. Für die Knoblauchcroûtons das Brot ohne Rinde in kleine Würfel schneiden. Die Knoblauchzehen schälen und zerdrücken. In einer Pfanne das Olivenöl erhitzen, den Knoblauch und die Croûtons zugeben und auf allen Seiten goldbraun rösten. Aus der Pfanne nehmen und auf Küchenpapier das überschüssige Fett abtropfen lassen.

6. Die Suppe in flache Teller verteilen und mit Schinken und den Croûtons garniert servieren.

TIPP:
Sollte der bittere Geschmack von Chicorée zu intensiv sein, können Sie der Suppe 1 EL Zucker zugeben und noch einmal pürieren.

EINFACH

Für **4–6** Personen
Zubereitungszeit: **15** Minuten
Garzeit: **25** Minuten
Budget: €

RADIESCHENSUPPE MIT GERÖSTETEM BROT UND ZIEGENKÄSE

2 große Kartoffeln • 2 Bund Radieschen • 1 Zwiebel • 3 EL Olivenöl • 1 l Geflügelbrühe (s. S. 15) oder 2 Würfel Bio-Geflügelbrühe + 1 l Wasser • 2 EL Crème fraîche • Salz und schwarzer Pfeffer

Für das Brot mit Ziegenkäse:
8–12 Scheiben Weißbrot • 10 Stängel glatte Petersilie • 200 g frischer Ziegenkäse

Außerdem:
Pürierstab oder Mixer

1. Die Kartoffeln schälen und in kleine Würfel schneiden. Das Grün der Radieschen klein schneiden, die Radieschen in Scheiben schneiden und beiseitestellen. Die Zwiebel schälen und fein hacken.

2. In einem großen Kochtopf das Olivenöl erhitzen und die Zwiebeln mit einer Prise Salz anschwitzen. Die Kartoffeln und das Radieschenkraut zugeben und 5 Minuten garen. Die Geflügelbrühe zufügen. Weitere 15 Minuten köcheln lassen, bis die Kartoffeln weich sind.

3. Inzwischen die Weißbrotscheiben im Toaster oder im Backofengrill rösten und halbieren. Die Blättchen Petersilie von den Stängeln zupfen und fein schneiden. Das Brot mit dem Ziegenkäse bestreichen und mit den Radieschenscheiben und der Petersilie bestreuen.

4. Die Crème fraîche zugeben und die Suppe mit dem Pürierstab oder im Mixer glatt pürieren, bis eine cremige Konsistenz erreicht ist. Nach Belieben mit Salz und Pfeffer abschmecken.

5. Die heiße Suppe mit den Käsebroten servieren.

SELBST GEMACHT

SUPPEN MIT HÜLSEN- FRÜCHTEN

EINFACH

Für **6** Personen
Einweichzeit: **12** Stunden
Zubereitungszeit: **30** Minuten
Garzeit: **1** Stunde **35** Minuten
Budget: €

SCHWARZE BOHNENSUPPE

500 g Schwarze Bohnen • 2 Zwiebeln • 2 Knoblauchzehen • 1 rote Paprika • 3 EL Speiseöl • 1 TL Kreuzkümmel • 1 TL Chiliflocken • 1 Lorbeerblatt • 400 g Tomaten aus der Dose (in Stücken) • 1 EL getrockneter Oregano • 250 g Kochschinken • Salz und schwarzer Pfeffer

Zum Garnieren und als Beigabe:
1 rote Zwiebel • 1 Avocado • 2 Limetten • 1 Bund frisches Koriandergrün

1. Die Bohnen 12 Stunden in einer mit Wasser gefüllten Schüssel einweichen, abseihen und mit kaltem Wasser gut und gründlich waschen.

2. Die Zwiebeln und die Knoblauchzehen schälen und fein hacken. Die Paprikaschote vom Stielansatz, den Samen und Scheidewänden befreien und in Würfel schneiden. In einem großen Kochtopf das Olivenöl erhitzen und die Zwiebeln mit einer Prise Salz anschwitzen. Den Knoblauch, den Kreuzkümmel und die Chiliflocken zufügen und bei schwacher Hitze 5 Minuten mitköcheln lassen. Die abgetropften Bohnen, das Lorbeerblatt und die Tomaten zugeben. Mit 2 ℓ Wasser auffüllen und mit Oregano würzen. Das Ganze zum Kochen bringen und 1,5 Stunden ohne Deckel weiter garen. Gegebenenfalls mehrmals etwas Wasser nachgießen.

3. In der Zwischenzeit den Kochschinken in Würfel schneiden und 5 Minuten vor Ende der Garzeit zufügen. Nach Belieben mit Salz und Pfeffer abschmecken.

4. Die Zwiebel schälen und fein hacken. Die Avocado ebenfalls schälen und in kleine Würfel schneiden. Mit etwas Zitronensaft beträufeln, damit sie sich nicht verfärben. Die frischen Korianderblättchen von den Stängeln zupfen und zum Garnieren beiseitestellen. Die Limetten vierteln.

5. Die Suppe in Schälchen oder tiefe Teller verteilen. Mit den Korianderblättchen und den Zwiebeln und Avocadowürfeln garnieren. Die Limettenviertel zum Würzen separat dazu reichen.

EINFACH

Für **4–6** Personen
Zubereitungszeit: **45** Minuten
Garzeit: **1** Stunde **45** Minuten
Budget: €

GEMÜSESUPPE MIT BOHNEN UND PESTO

1 Zwiebel • 4 Knoblauchzehen • 2 Möhren • 1 Stange Staudensellerie • 1 Aubergine • 1 Zucchini • 1 rote Paprika • 5 Tomaten • 1 Zweig Thymian • 1 Zweig Rosmarin • 1 Lorbeerblatt • 400 g vorgegarte Borlotti-Bohnen (oder Weiße Bohnen) aus der Dose • 40 g Risoni-Pasta (ersatzweise griech. oder türk. Reisnudeln) • 3 EL Olivenöl • Salz und schwarzer Pfeffer

Für das Pesto:
1 Bund Basilikum • 1 Knoblauchzehe • 75 g Parmesan • 100 ml Olivenöl • 50 g Pinienkerne • Salz und Pfeffer

Außerdem:
Pürierstab oder Mixer

1. Die Zwiebel und die Knoblauchzehen schälen und fein hacken. Die Möhren und die Selleriestange schälen und in Würfel schneiden. Die Aubergine, die Zucchini und die entkernte Paprika ebenfalls in kleine Würfel schneiden. Die Tomaten häuten, Samen entfernen und in grobe Stücke teilen.

2. In einem großen Kochtopf das Olivenöl erhitzen und die Zwiebel mit einer Prise Salz anschwitzen. Die Möhren und den Knoblauch zugeben und 2 Minuten dünsten lassen. Die Auberginenwürfel zufügen und weitere 5 Minuten köcheln lassen. Dann die Zucchini-, Paprika- und Selleriewürfel zugeben und das Ganze bei mittlerer Hitze unter häufigem Rühren 5 Minuten weiter garen lassen. Zum Schluss die Tomatenwürfel, die Küchenkräuter und die abgetropften Bohnen zufügen. Alles mit Wasser bedecken. Nach weiteren 20 Minuten die Risoni-Pasta zufügen und weitere 10 Minuten köcheln lassen.

3. In der Zwischenzeit für das Pesto die Basilikumblättchen von den Stängeln abzupfen, die Knoblauchzehe schälen und gegebenenfalls den Keim entfernen. Den Parmesan reiben. Alle Zutaten mit dem Pürierstab oder im Mixer glatt pürieren. Salzen und pfeffern.

4. Den Thymian- und Rosmarinzweig sowie das Lorbeerblatt aus der Suppe entfernen und jede Portion mit 1 EL Pesto garniert servieren.

TIPP:
Mit einem fertigen Pesto aus dem Glas sparen Sie etwas Zeit.

EINFACH

Für **6** Personen
Zubereitungszeit: **25** Minuten
Garzeit: **30** Minuten
Budget: €

ROTE LINSENSUPPE MIT INGWERCROÛTONS

1 Zwiebel • 1 Möhre • 1–2 EL Olivenöl • 2 TL Currypulver • 400 ml Kokosmilch • 400 g Tomatenstücke (aus der Konserve) • 600 ml Geflügelbrühe (s. S. 15) oder 1 Würfel Bio-Geflügelbrühe + 600 ml Wasser • 200 g Rote Linsen • 1 frische Ingwerwurzel • 5–6 Scheiben Bauernbrot • Salz und schwarzer Pfeffer • etwas frisches Koriandergrün

Außerdem:
Mixer oder Pürierstab

1. Die Zwiebel schälen und fein hacken, die Möhre schälen und in Würfel schneiden. Das Olivenöl in einem großen Kochtopf erhitzen und die Zwiebel mit einer Prise Salz anschwitzen. Die Möhren und das Currypulver zufügen und alles unter ständigem Rühren weitere 5 Minuten dünsten.

2. Kokosmilch, Tomatenstücke, Geflügelbrühe und Linsen zugeben. Zugedeckt etwa 15–20 Minuten lang köcheln lassen, bis die Linsen gar sind. In der Zwischenzeit den Ingwer schälen. Die Brotscheiben im Backofen oder in einem Toaster rösten und mit frischem Ingwer einreiben. Für die Croûtons das Brot in Würfel schneiden oder frisches Bauernbrot in mundgerechte Stücke teilen.

3. Die Suppe mit einem Pürierstab oder im Mixer glatt pürieren. Nach Belieben mit Salz und Pfeffer abschmecken.

4. Mit den Brotwürfeln und Korianderblättchen garniert heiß servieren.

EINFACH

Für **6** Personen
Zubereitungszeit: **25** Minuten
Garzeit: **45** Minuten
Budget: €

ERBSENSUPPE MIT CHORIZO-STICKS

1 Stange Lauch • 1 Möhre • 1,5 l Gemüsebrühe (s. S. 17) oder 2,5 Würfel Bio-Gemüsebrühe + 1,5 l Wasser • 350 g grüne Schälerbsen • 2 EL Crème fraîche • 2 EL Olivenöl • Salz und schwarzer Pfeffer

Für die Chorizo-Sticks:
12 dicke Chorizo– Scheiben, dünn aufgeschnitten (spanische Paprikawurst)

Außerdem:
Mixer oder Pürierstab • Backblech • Backpapier

1. Die Lauchstange in feine Scheiben schneiden. Die Möhre schälen und in Stücke schneiden. In einem großen Kochtopf das Olivenöl erhitzen und den Lauch mit einer Prise Salz andünsten. Die Möhren zufügen und alles zusammen 5 Minuten unter mehrmaligem Umrühren garen lassen. Die Gemüsebrühe und die getrockneten Erbsen zugeben. Alles zum Kochen bringen und zugedeckt weitere 30 Minuten köcheln lassen.

2. Die Suppe mit dem Pürierstab oder im Mixer glatt pürieren und mit der Crème fraîche verrühren, bis eine cremige Konsistenz erreicht ist. Nach Belieben salzen und pfeffern und warm stellen.

3. Den Backofen auf 180 °C vorheizen. Das Backblech mit Backpapier auslegen. Die Chorizo-Scheiben in schmale Sticks schneiden und nebeneinander aufs Backblech legen. Dann 7–8 Minuten rösten.

4. Die Suppe warm servieren. Mit den Chorizo-Sticks garnieren.

EINFACH

Für **6** Personen
Zubereitungszeit: **20** Minuten
Garzeit: **30–35** Minuten
Budget: €

SCHARFE LINSENSUPPE

1 Zwiebel • 4 Knoblauchzehen • 2 Möhren • 1 Stange Staudensellerie • 4 Zweige frischer Thymian • 1 TL geräuchertes Paprikapulver • 400 g Puy-Linsen • 1 große Dose Tomaten (475 g Abtropfgewicht) • 2 l Gemüsebrühe (s. S. 17) oder 2,5 Würfel Bio-Gemüsebrühe + 2 l Wasser • 2 Zweige frischer Estragon • 2 EL Olivenöl • Salz und schwarzer Pfeffer

1. Die Zwiebel und die Knoblauchzehen schälen und fein hacken. Die Möhren und die Selleriestange schälen und in Würfel schneiden.

2. In einem großen Kochtopf das Olivenöl erhitzen und die Zwiebel mit einer Prise Salz anschwitzen. Den Thymian, die Möhren- und Selleriewürfel und den Knoblauch zugeben und mit Paprika würzen. Das Ganze unter mehrmaligem Umrühren bei schwacher Hitze 10 Minuten garen lassen.

3. Die Linsen mit kaltem Wasser gut waschen. Die Tomaten und die Gemüsebrühe mit den Linsen in den Schmortopf geben. Alles gut verrühren und 20–25 Minuten köcheln lassen, bis die Linsen gar sind.

4. In der Zwischenzeit die Estragonblätter abzupfen und am Ende der Garzeit zur Suppe geben, einige Estragonstreifen für die Dekoration beiseitelegen. Die Thymianzweige vor dem Servieren entfernen.

EINFACH

Für **6** Personen
Zubereitungszeit: **25** Minuten
Garzeit: **35** Minuten
Budget: €

KICHERERBSENSUPPPE MIT MERGUEZ-SPIESSCHEN

6 Merguez (ersatzweise kräftig gewürzte, aber ungebrühte Bratwürste) • 1 Dose Kichererbsen (200 g Abtropfgewicht) • 1 Zwiebel • 2 Knoblauchzehen • 300 g vollreife Tomaten • 500 ml Gemüsebrühe (s. S. 17) oder 1 Würfel Bio-Gemüsebrühe + 500 ml Wasser • ½ Bund glatte Petersilie • 1 EL Olivenöl • Salz und schwarzer Pfeffer

Außerdem:
Pürierstab oder Mixer • Holzspieße

1. Die Zwiebel und die Knoblauchzehen schälen und fein hacken. Die Tomaten in einen Kochtopf geben und 30 Sekunden in heißes Wasser eintauchen. Anschließend sofort in Eiswasser abschrecken. Die Tomaten vom Stielansatz befreien und häuten. Dann in grobe Würfel schneiden.

2. Das Olivenöl in einem großen Kochtopf erhitzen. Die Zwiebel und den Knoblauch mit einer Prise Salz darin anschwitzen. Das restliche Gemüse hinzugeben und mit der Gemüsebrühe auffüllen. Salzen und pfeffern. Das Ganze zum Kochen bringen und 30 Minuten garen.

3. Die Suppe mit dem Pürierstab oder im Mixer glatt pürieren, bis eine cremige Konsistenz erreicht ist. Nach Belieben mit Salz und Pfeffer abschmecken und warm stellen.

4. Die Petersilie fein hacken. Die Merguez-Würstchen in einer beschichteten Pfanne ohne Fett kross braten, in gleichgroße Stücke schneiden und auf die Holzspieße stecken.

5. Die Kichererbsensuppe mit der Petersilie bestreuen und mit den Würstchenspießen anrichten. Heiß servieren.

VARIATION:
Wer es weniger scharf mag, nimmt Chipolata-Würstchen (französische Zwiebelwürstchen) oder geräucherte Würstchen nach Geschmack.

EINFACH

Für **6** Personen
Einweichzeit: **8–12** Stunden
Zubereitungszeit: **30** Minuten
Garzeit: **1** Stunde **35** Minuten
Budget: €

KIDNEYBOHNENSUPPE

300 g getrocknete Kidneybohnen • ½ Zwiebel, geschält • 1 Lorbeerblatt • 100 g Tellerlinsen • 100 g grüne Schälerbsen • 1 rote Zwiebel • 2 Möhren • 2 Stangen Staudensellerie • 3 Knoblauchzehen • 2 Zweige frischer Rosmarin •1 Zweig frischer Thymian • 150 g Suppennudeln (perlen- oder sternförmig) • 1 TL Piment d'Espelette (ersatzweise Cayennepfeffer) • 50 g Parmesan • 2 EL Olivenöl • Salz und Pfeffer

1. Am Vortag die Kidneybohnen in eine große Schüssel mit kaltem Wasser geben und 8–12 Stunden einweichen. Nach der Einweichzeit die Bohnen abgießen und abtropfen lassen. In einen großen Kochtopf 3 ℓ Wasser geben, zum Kochen bringen und die Bohnen mit dem Lorbeerblatt und der Zwiebel zufügen. Das Ganze 50 Minuten köcheln lassen. Von Zeit zu Zeit den Schaum, der dabei entsteht, mit einer Schaumkelle abschöpfen.

2. Die Linsen und die Erbsen gründlich waschen und beiseitestellen. Die Zwiebel, die Möhren und den Staudensellerie schälen und in Würfel schneiden. Die Knoblauchzehen schälen und fein hacken.

3. Das Olivenöl in einem großen Topf erhitzen und die Zwiebeln und das Gemüse 2–3 Minuten darin anschwitzen. Zuletzt den Knoblauch zugeben und weitere 2 Minuten mitgaren. Salzen und pfeffern. Die Kidneybohnen mit dem Einweichwasser, die Linsen, die Erbsen, den Rosmarin und den Thymian zugeben. Alles zusammen weitere 40 Minuten köcheln lassen. Nach Bedarf etwas Wasser dazugießen. Die Nudeln und den Cayennepfeffer 5 Minuten vor Ende der Garzeit zugeben. Die Rosmarin- und Thymianzweige herausnehmen. Nach Belieben mit Salz und Pfeffer abschmecken.

4. Den Parmesoan reiben. Die Suppe kurz vor dem Servieren damit bestreuen und einen Schuss Olivenöl darüber verteilen.

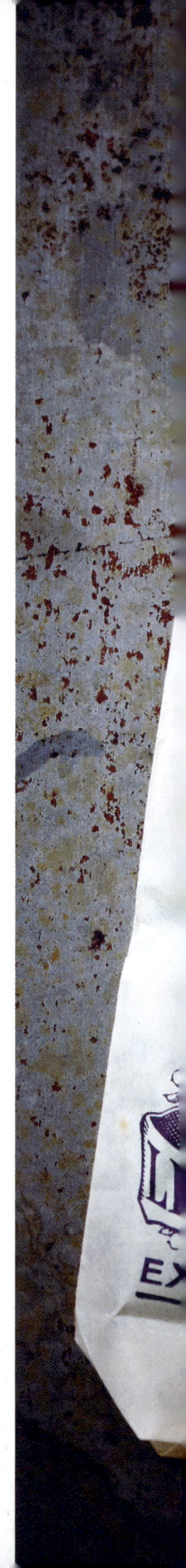

MES SECS

EINFACH

Für **6** Personen
Zubereitungszeit: **20** Minuten
Garzeit: **45** Minuten
Budget: €

LINSENSUPPE MIT RÄUCHERWURST

1 Zwiebel • 1 Möhre • 1 EL Olivenöl • 1,5 l Gemüsebrühe (s. S. 17) oder 3 Würfel Bio-Gemüsebrühe + 1,5 l Wasser • 400 g Puy-Linsen (Pardina-Linsen) • 1 Lorbeerblatt • 1 Räucherwurst • Salz und schwarzer Pfeffer

Außerdem:
Pürierstab oder Mixer

1. Die Zwiebel schälen und fein hacken. Die Möhre ebenfalls schälen und in dicke Scheiben schneiden. In einem großen Kochtopf das Olivenöl erhitzen und die Zwiebeln mit einer Prise Salz anschwitzen. Die Möhren zugeben und unter mehrmaligem Umrühren 5 Minuten mitgaren. Die Brühe, die Linsen und das Lorbeerblatt zugeben. Zum Kochen bringen und 20 Minuten weiter garen. Leicht salzen. Zum Schluss die Räucherwurst im Ganzen zugeben und bei schwacher Hitze 15–20 Minuten weiterköcheln lassen, bis die Linsen gar sind.

2. Die Wurst aus dem Topf nehmen und warm stellen. Das Lorbeerblatt ganz entfernen.

3. Die Suppe mit dem Pürierstab oder im Mixer glatt pürieren, bis eine cremige Konsistenz erreicht ist. Nach Belieben mit Salz und Pfeffer abschmecken.

4. Die Wurst in Scheiben schneiden und auf der Suppe verteilen. Heiß servieren.

SUPPEN MIT KÄSE

EINFACH

Für **4–6** Personen
Zubereitungszeit: **25** Minuten
Garzeit: **30** Minuten
Budget: €

GRATINIERTE ZWIEBELSUPPE

6 Zwiebeln • 4 Knoblauchzehen • 25 g Butter • 1 EL Olivenöl • 2 Zweige frischer Thymian • 1 Lorbeerblatt • 1 l Rinderbrühe (s. S. 14) oder 2 Würfel Bio-Rinderbrühe + 1 l Wasser • 3 EL Crème fraîche • ½ Stange Weißbrot (Baguette) • 100 g Comté (ersatzweise Gruyère) • Salz und schwarzer Pfeffer

1. Die Zwiebeln halbieren und in dünne Scheiben schneiden. 3 Knoblauchzehen ebenfalls schälen und zerdrücken. Gegebenenfalls den grünen Keim vorher entfernen. 1 Knoblauchzehe zum Einreiben der Brotscheiben beiseitelegen.

2. In einem großen Topf mit schwerem Boden die Butter zerlassen und zusammen mit dem Olivenöl erhitzen. Die Zwiebeln mit 2 Messerspitzen Salz darin anschwitzen und 10–15 Minuten weiter braten, bis sie goldgelb sind, dabei regelmäßig umrühren. Wenn die Zwiebeln zu sehr am Topfboden ansetzen und anbrennen, etwas Wasser zugeben, den Deckel auflegen und ruhen lassen. Der dabei entstehende Dampf wird die angesetzten Zwiebeln lösen.

3. Den Knoblauch, die Thymianzweige und das Lorbeerblatt zufügen und mit der Rinderbrühe aufgießen. Die Suppe noch mal zum Kochen bringen und bei schwacher Hitze 15 Minuten köcheln lassen, dabei regelmäßig umrühren. Die Thymianzweige und das Lorbeerblatt entfernen. Die Suppe vom Herd nehmen und gut mit der Crème fraîche verrühren.

4. Das Weißbrot in Scheiben schneiden und im Backofen goldbraun rösten. Den Comté reiben. Jede Scheibe mit der geschälten Knoblauchzehe einreiben und mit dem geriebenen Käse bestreuen. 3–4 Minuten im Backofen gratinieren, bis der Käse geschmolzen ist und eine goldgelbe Färbung angenommen hat. Sofort servieren.

EINFACH

Für **4–6** Personen
Zubereitungszeit: **10** Minuten
Garzeit: **5** Minuten
Budget: €

PARMESANSUPPE

5 Eier • 80 g frisch geriebener Parmesan • 1,2 l Geflügelbrühe (s. S. 15) oder 2 Würfel Bio-Geflügelbrühe + 1,2 l Wasser • 10 Stängel glatte Petersilie • frisch gemahlene Muskatnuss

1. Die Eier in eine Schüssel aufschlagen und mit dem Parmesan gut verrühren. In einem Kochtopf die Geflügelbrühe erhitzen und die Eier-Käse-Mischung unter ständigem Rühren zugeben.

2. Die Suppe bei schwacher Hitze 2 Minuten weiterköcheln lassen, bis die Eier ausflocken.

3. Kurz vor dem Servieren die Petersilie grob hacken und zusammen mit etwas Muskatnuss die Suppe damit würzen. Heiß servieren.

EINFACH

Für **4–6** Personen
Zubereitungszeit: **30** Minuten
Garzeit: **45** Minuten
Budget: €

LAUCH-KÄSESUPPE

2 weiße Rübchen • 4 mittelgroße Kartoffeln • 3 Stangen Lauch • 2 Stangen Staudensellerie • 800 ml Wasser • 250 ml Vollmilch • 100 g Räucherspeck, gewürfelt • 6 Scheiben Bauernbrot • 250 g halbfester Schnittkäse (vorzugsweise Reblochon) • 25 g Butter • Salz und Pfeffer

1. Die weißen Rübchen und die Kartoffeln schälen und in kleine Würfel schneiden. Von den Lauchstangen den Wurzelansatz und das Dunkelgrüne entfernen und den mittleren Teil in Scheiben schneiden. Die Selleriestangen ebenfalls in Scheiben schneiden. Die Butter in einem großen Kochtopf zerlassen und den Lauch, die weißen Rübchen und den Staudensellerie zugeben. Salzen und pfeffern. Das Ganze 10 Minuten unter mehrmaligem Rühren garen. Die Kartoffelwürfel zufügen und 5 Minuten mitgaren. Mit Wasser und der Milch auffüllen. Alles zum Kochen bringen und bei schwacher Hitze weitere 30 Minuten köcheln lassen, bis das Gemüse gar ist.

2. In einer Pfanne die Speckwürfel ohne zusätzliches Fett anbraten, bis sie kross sind. Auf einem Küchenpapier das überschüssige Fett abtropfen lassen. Die Pfanne auswischen und die Butter darin zerlassen. Die Brotscheiben auf beiden Seiten goldbraun braten. Ebenfalls auf ein Küchenpapier legen.

3. Den Käse in Scheiben schneiden und die gerösteten Brote damit belegen. Die Suppe in tiefe Teller verteilen, die Speckwürfel zugeben und mit den gerösteten Käsebroten servieren.

EINFACH

Für **4–6** Personen
Zubereitungszeit: **15** Minuten
Garzeit: **15–20** Minuten
Budget: €

SPINAT-KÄSE-SUPPE

700 g Spinat • 2 Schalotten • 2 EL Olivenöl • 1,5 l Gemüsebrühe (s. S. 17) oder 2–3 Würfel Bio-Gemüsebrühe + 1,5 l Wasser • 10 Schmelzkäseecken • Salz und schwarzer Pfeffer

Außerdem:
Mixer oder Pürierstab

1. Den Spinat von den groben Stielen befreien. Die Schalotten schälen und fein hacken. Das Olivenöl in einem großen Kochtopf erhitzen und die Schalotten mit einer Prise Salz anschwitzen. Den Spinat zugeben und nach 4–5 Minuten die Gemüsebrühe auffüllen. Zum Kochen bringen und ohne Deckel bei schwacher Hitze 15 Minuten weiter garen.

2. Die Suppe mit dem Pürierstab oder im Mixer glatt pürieren. Den Käse unterrühren und schmelzen lassen, bis eine cremige Konsistenz erreicht ist. Mit Salz und Pfeffer abschmecken.

3. Die Suppe in kleine Gläser füllen und sofort servieren.

EINFACH

Für **4–6** Personen
Zubereitungszeit: **25** Minuten
Garzeit: **45** Minuten
Budget: €€

ÜBERBACKENE KÄSESUPPE

2 Zwiebeln • ¼ Kopf Weißkohl • 1 EL Enten- oder Gänsefett (ersatzweise Schweineschmalz) • 800 g Bauernbrot vom Vortag • 6 dünne Scheiben geräucherter Speck • 600 g Laguiole-Käse (ersatzweise anderer kräftiger Hartkäse) • 100 ml trockener Weißwein • 900 ml Rinderbrühe (s. S. 14) oder 2 Würfel Bio-Rinderbrühe + 900 ml Wasser • Salz und schwarzer Pfeffer

1. Den Backofen auf 180 °C vorheizen. Die Zwiebeln schälen und fein hacken. Vom Weißkohl den Strunk entfernen und die Blätter in Streifen schneiden. In einer Pfanne das Gänse- oder Entenfett erhitzen und die Zwiebeln darin goldbraun anbraten.

2. In einer Auflaufform eine Schicht altbackenes Brot auslegen, eine Lage Weißkohlstreifen und Zwiebeln daraufschichten, die geräucherten Speckscheiben darüber legen und mit Käse bestreuen. So oft wiederholen, bis alle Zutaten verbraucht sind. Den Weißwein mit der Rinderbrühe vermischen und zufügen, bis alles gut durchtränkt ist. Mit Salz und Pfeffer kräftig würzen und 45 Minuten im Ofen backen.

3. Zum Schluss die Suppe in der Auflaufform unter dem Grill noch einige Minuten gratinieren lassen, bis die Käseschicht gleichmäßig gebräunt ist.

EINFACH

Für **4–6** Personen
Zubereitungszeit: **20** Minuten
Garzeit: **30** Minuten
Budget: €

KÜRBISSUPPE MIT BERGKÄSE

1 Butternusskürbis • 1 Zwiebel • 1,5 l Geflügelbrühe (s. S. 15) oder 3 Würfel Bio-Geflügelbrühe + 1,5 l Wasser • 100 g Beaufort-Käse (ersatzweise anderer Bergkäse aus Rohmilch) • 2 EL Olivenöl • 1–2 EL Kürbiskerne • Salz und schwarzer Pfeffer

Außerdem:
Mixer oder Pürierstab

1. Den Kürbis schälen, die Samen aus dem Inneren entfernen und das Fruchtfleisch in Würfel schneiden. Die Zwiebel schälen und fein hacken. Das Olivenöl in einem Kochtopf erhitzen und die Zwiebel mit einer Prise Salz anschwitzen. Die Kürbiswürfel zugeben und unter ständigem Rühren 5 Minuten garen. Die Geflügelbrühe zugießen und das Ganze zugedeckt zum Kochen bringen. Bei schwacher Hitze 25 Minuten weiterköcheln lassen, bis das Gemüse gar ist.

2. Die Suppe mit dem Pürierstab oder im Mixer glatt pürieren, bis eine cremige Konsistenz erreicht ist. Mit Salz und Pfeffer abschmecken.

3. Den Käse von der Rinde trennen und in 2 cm dicke längliche Stücke teilen, um daraus noch feinere Scheiben schneiden zu können. Die Kürbissuppe in vorgewärmte Suppentassen verteilen und mit den Beaufort-Scheiben anrichten. Mit den Kürbiskernen bestreut servieren.

EINFACH

Für **4–6** Personen
Zubereitungszeit: **25** Minuten
Garzeit: **35** Minuten
Budget: €

KARTOFFELSUPPE MIT MITTELALTEM GOUDA

2 Zwiebeln • 1 kg mehligkochende Kartoffeln • 3 EL Olivenöl • 500 ml Milch • 700 ml Geflügelbrühe (s. S. 15) oder 1 Würfel Bio-Geflügelbrühe + 700 ml Wasser • 200 g Sahne • 180 g mittelalter Gouda • 3 Scheiben Bauernbrot • 25 g Butter • Salz und schwarzer Pfeffer

Außerdem:
Mixer oder Pürierstab • Küchenpapier

1. Die Zwiebeln schälen und fein hacken. Die Kartoffeln ebenfalls schälen und würfeln. Das Olivenöl in einem großen Kochtopf erhitzen und die Zwiebeln mit einer Prise Salz anschwitzen. Die Kartoffeln zugeben und mit Milch und der Geflügelbrühe auffüllen. Nach Belieben salzen. Zum Kochen bringen und bei sanfter Hitze 30 Minuten weiterköcheln lassen, bis die Kartoffeln gar sind.

2. Die Suppe mit dem Pürierstab oder im Mixer glatt pürieren und die Sahne zufügen, bis eine cremige Konsistenz erreicht ist. Mit Salz und Pfeffer abschmecken.

3. Den Käse reiben. Die Brotscheiben in 1 cm dicke Würfel schneiden. Die Butter in einer Pfanne zerlassen und die Weißbrotwürfel auf allen Seiten goldbraun braten. Auf einem Küchenpapier abtropfen lassen.

4. Die Suppe mit dem geriebenen Käse und den gerösteten Weißbrotwürfeln bestreuen. Pfeffern und heiß servieren.

EINFACH

Für **4–6** Personen
Zubereitungszeit: **15** Minuten
Garzeit: **15** Minuten
Budget: €

ERBSENSUPPE MIT BÜFFELMOZZARELLA

1 Zwiebel • 2 EL Olivenöl • 500 g Erbsen, enthülst (ersatzweise TK-Erbsen) • 1 l Geflügelbrühe (s. S. 15) oder 2 Würfel Bio-Geflügelbrühe + 1 l Wasser • 2 EL Crème fraîche • 125 g Büffelmozzarella • Salz und schwarzer Pfeffer

Außerdem:
Mixer oder Pürierstab

1. Die Zwiebel schälen und fein hacken. Das Olivenöl in einem großen Kochtopf erhitzen und die Zwiebeln mit einer Prise Salz anschwitzen, ohne dass sie Farbe annehmen. Die Erbsen zugeben und mit der Geflügelbrühe auffüllen. Zum Kochen bringen und bei schwacher Hitze 15 Minuten weiter garen.

2. Die Suppe mit einem Pürierstab oder im Mixer glatt pürieren und die Crème fraîche zufügen, bis eine cremige Konsistenz erreicht ist. Nach Belieben salzen und pfeffern.

3. Den Büffelmozzarella in kleine Würfel schneiden. Die Suppe in vorgewärmte Schälchen verteilen und mit den Mozzarellawürfeln bestreut servieren.

EINFACH

Für **6** Personen
Zubereitungszeit: **20** Minuten
Garzeit: **15** Minuten
Budget: €

BROKKOLICREME-CAPPUCCINO MIT BLAUSCHIMMELKÄSE

1 Brokkoli (à 500 g oder zwei kleine) • 1 l Geflügelbrühe (s. S. 15) oder 2 Würfel Bio-Geflügelbrühe + 1 l Wasser • 300 ml Milch • 150 g Blauschimmelkäse • 150 g Sahne • 100 g Pistazienkerne, gesalzen • Salz und schwarzer Pfeffer

Außerdem:
Mixer oder Pürierstab • Handrührgerät

1. Den Brokkoli in einzelne Röschen zerteilen, den Strunk schälen und klein schneiden. In einem großen Topf die Brühe erhitzen und den Brokkoli zugeben. Alles zum Kochen bringen und ohne Deckel bei sanfter Hitze 15 Minuten weiter garen, bis der Brokkoli gar ist.

2. Die Milch und den Blauschimmelkäse zufügen und alles mit dem Pürierstab oder im Mixer glatt pürieren, bis eine cremige Konsistenz erreicht ist. Mit Salz und Pfeffer abschmecken.

3. Die gut gekühlte Sahne salzen und pfeffern und dann steif schlagen.

4. Die Pistazienkerne mit einem Messer fein hacken oder im Mixer zerkleinern. Die Brokkolisuppe in hohe Tassen oder Gläser füllen, mit einem Klecks Sahne garnieren und mit den Pistazienstückchen bestreuen.

SELBST GEMACHT

FISCH-SUPPEN

FÜR KÖNNER

Für **4–6** Personen
Zubereitungszeit: **35** Minuten
Garzeit: **35** Minuten
Budget: €€€

LANGUSTINENSUPPE

1 kg Langustinen (etwa 16 Stück) • 1 Zwiebel • 2 Knoblauchzehen • 1 Möhre • 1 Stange Staudensellerie • 3 EL Olivenöl • 4–5 EL Cognac • 2 TL Tomatenmark • 1 Bouquet garni (Kräutersträußchen aus Petersilie, Thymian und Lorbeerblatt) • 2 EL rundkörniger Reis • 200 g Sahne • Salz und schwarzer Pfeffer

Außerdem:
Pürierstab • feines Sieb • Mörser

1. Die Langustinen aus den Schalen brechen. Die Köpfe dabei abtrennen. Den fadenförmigen, dunklen Darm entfernen. Die Langustinenschwänze beiseitestellen. Mit Hilfe eines Mörsers oder großen scharfen Messers Kopf und Scheren für den Fond zerkleinern.

2. Die Zwiebel und die Knoblauchzehen schälen und fein hacken. Die Möhre schälen und in kleine Würfel schneiden. Den Staudensellerie in kleine Stücke schneiden. Gegebenenfalls mit einem scharfen Messer die Fäden ziehen.

3. Für den Fond in einem großen Schmortopf 2 EL Olivenöl erhitzen und die Zwiebel zusammen mit den Möhren- und Selleriewürfeln anschwitzen. Die zerkleinerten Karkassen (Kopf und Scheren) zugeben. Salzen und pfeffern. Das Ganze 3 Minuten scharf anbraten, mit Cognac angießen und flambieren. Das Tomatenmark und den Knoblauch zugeben und gut verrühren. Mit 1,5 ℓ Wasser auffüllen und das Bouquet garni mit dem Reis zufügen. Alles zusammen zugedeckt bei sanfter Hitze 30 Minuten köcheln lassen.

4. Den Langustinenfond durch ein feines Sieb abgießen, die Reste gut ausdrücken und wegwerfen. Die Suppe nochmals aufkochen und die Sahne zufügen. Alles mit dem Pürierstab oder im Mixer kurz pürieren. Mit Salz und Pfeffer abschmecken.

5. In einer Pfanne das restliche Öl erhitzen und das Langustinenfleisch darin kurz anbraten, bis es goldbraun ist. Salzen und pfeffern. In großen Suppentellern anrichten.

VARIATION:
Statt Langustinen bzw. Scampi können Sie auch große Garnelen verwenden.

EINFACH

Für **4–6** Personen
Zubereitungszeit: **30** Minuten
Garzeit: **30** Minuten
Budget: €€

SCHELLFISCH-LAUCH-SUPPE

400 g frischer Schellfisch ohne Haut und Gräten (ersatzweise Kabeljau) • 400 ml Gemüsebrühe (s. S. 17) oder 1 Würfel Bio-Gemüsebrühe + 400 ml Wasser • 600 ml Kokosmilch • 1 Lorbeerblatt • 2 Zweige frischer Thymian (1 Zweig zum Garnieren aufheben) • 1 kleine Stange Lauch (250 g) • 2 Knoblauchzehen • 200 g TK-Erbsen • abgeriebene Schale von 1 Bio-Zitrone • 2 EL Olivenöl • Salz und schwarzer Pfeffer

Außerdem:
Feines Reibeisen • Küchenpapier

1. Den Schellfisch in große Stücke teilen und in einen Kochtopf geben. Mit der Gemüsebrühe und der Kokosmilch auffüllen. Das Lorbeerblatt und 1 Thymianzweig zufügen und erhitzen. 15 Minuten sanft köcheln lassen, aber nicht zum Kochen bringen.

2. In der Zwischenzeit die Lauchstange in etwa 1 cm angeschrägte Scheiben schneiden. Etwas Lauch in feine Ringe schneiden für die Dekoration und beiseitestellen. Die Knoblauchzehen schälen und zerdrücken. In einer Pfanne das Olivenöl erhitzen und den Lauch mit dem Knoblauch darin andünsten, bis der Lauch bissfest gar gedünstet ist. Salzen und pfeffern.

3. Die Fischstücke mit einer Schaumkelle aus der Suppe nehmen. Auf einem Küchenpapier abtropfen und abkühlen lassen. Das Fischfleisch von der Haut lösen und in mundgerechte Stücke schneiden.

4. Die Suppe abseihen und in einem großen Kochtopf noch mal erhitzen. Die Erbsen zufügen und bei mittlerer Hitze 10 Minuten weiterköcheln lassen. Die Schale der Zitrone abreiben und zufügen. Alles noch mal abschmecken.

5. Zum Schluss die Fischstücke kurz zugeben und die Suppe bestreut mit Lauch und Thymianblättchen heiß servieren.

EINFACH

Für **4–6** Personen
Zubereitungszeit: **30** Minuten
Garzeit: **15** Minuten
Budget: €€

SALATSUPPE MIT JAKOBSMUSCHELN

1 großer Kopfsalat (oder zwei kleine) • 2 EL Olivenöl • 250 ml Fischbrühe (s. S. 16) oder Instant-Fischbrühe + 250 ml Wasser • 500 g Sahne • ½ Bund Schnittlauch • 25 g Butter • 30 Jakobsmuscheln • Salz und schwarzer Pfeffer

Außerdem:
Pürierstab oder Mixer • Handrührgerät

1. Den Salatkopf ohne die äußeren grünen Blätter zerpflücken. Das Olivenöl in einem großen Kochtopf erhitzen und die Salatblätter mit 2 Messerspitzen Salz anschwitzen. Die Fischbrühe zugießen und den Salat darin 10 Minuten garen. Die Hälfte der Sahne zufügen. Nach Belieben mit Salz und Pfeffer abschmecken.

2. Die Suppe mit dem Pürierstab oder im Mixer glatt pürieren, bis eine cremige Konsistenz erreicht ist. Warm stellen.

3. In der Zwischenzeit den Schnittlauch grob schneiden. Die restliche Sahne salzen, pfeffern und steif schlagen. Den Schnittlauch locker unter die Sahne heben. Kalt stellen.

4. In einer großen Pfanne die Butter zerlassen und die Jakobsmuscheln von beiden Seiten goldbraun anbraten. Die Pfanne beiseitestellen.

5. Die Suppe in vorgewärmte Suppenteller verteilen und mit einem Klecks Schnittlauchsahne und den Jakobsmuscheln servieren. Einen Schuss Olivenöl darüber verteilen und mit schwarzem Pfeffer und Schnittlauchröllchen bestreuen.

FÜR KÖNNER

Für **4–6** Personen
Zubereitungszeit: **30** Minuten
Garzeit: **40** Minuten
Budget: €€

PAPRIKASUPPE MIT SEETEUFEL-SPECK-RÖLLCHEN

Für die Paprikasuppe:
4 rote Paprikaschoten • 1 Zwiebel • 2 Knoblauchzehen • 2 TL geräuchertes Paprikapulver • 1,5 l Geflügelbrühe (s. S. 15) oder 3 Würfel Bio-Geflügelbrühe + 1,5 l Wasser • 150 g Sahne • 2 TL Zucker (nach Belieben) • 2 EL Olivenöl • Salz und schwarzer Pfeffer

Für die Seeteufel-Speck-Röllchen:
600 g Seeteufel • 6 dünne Scheiben durchwachsener Speck • 2 EL Olivenöl

Außerdem:
Pürierstab oder Mixer • 6 Holzspießchen

1. Die Paprikaschoten häuten, Stielansatz, Samen und Scheidewände entfernen und das Fruchtfleisch in kleine Stücke schneiden. Die Zwiebel und die Knoblauchzehen schälen und fein hacken.

2. In einem großen Kochtopf das Öl erhitzen und die Zwiebel mit einer Prise Salz anschwitzen. Den Knoblauch, die Paprika und das Paprikapulver zufügen und unter mehrmaligem Rühren 5 Minuten garen lassen. Mit der Brühe angießen und zum Kochen bringen. 30 Minuten ohne Deckel bei sanfter Hitze köcheln lassen.

3. Den Backofen auf 200 °C vorheizen. Den Seeteufel in gleichgroße Stücke teilen und mit einer Scheibe Speck einrollen. Mit einem Holzspießchen feststecken. Das Olivenöl in einer Pfanne erhitzen und die Fischstücke 2 Minuten rundum kurz anbraten. Anschließend 5 Minuten im Backofen garen.

4. Inzwischen die Suppe mit einem Pürierstab oder im Mixer glatt pürieren. Die Sahne zufügen, bis eine perfekte Konsistenz erreicht ist. Nach Belieben salzen und pfeffern. Wenn die Suppe zu scharf ist, mit etwas Zucker süßen.

5. Jeweils ein Seeteufel-Speck-Röllchen in einem tiefen Teller anrichten. Die Cremesuppe rundherum eingießen und mit schwarzem Pfeffer bestreuen.

TIPP:
Wenn Sie keinen geeigneten Schäler haben, um die Paprikaschoten zu häuten, lassen Sie die Paprikaviertel auf höchster Stufe im Backofen bei 200 °C rösten, bis die Haut dunkel wird. Geben Sie sie anschließend für 5 Minuten in einen Gefrierbeutel. Danach lässt sich die Haut ganz leicht ablösen.

FÜR KÖNNER

Für **4–6** Personen
Zubereitungszeit: **25** Minuten
Garzeit: **30** Minuten
Budget: €€

MUSCHELSUPPE MIT ORANGE

600 g Herzmuscheln (ersatzweise Miesmuscheln) • 1 Schalotte • 25 g Butter • 800 ml Fischbrühe (s. S. 16) oder Instant-Fischbrühe + 800 ml Wasser • 1 Bio-Orange • 1 Zwiebel • 1 Knoblauchzehe • 1 Stange Staudensellerie • 4 Kartoffeln • 2 EL Olivenöl • ½ TL Safranfäden (etwa 30 Stück oder ersatzweise 2 Msp. Safranpulver) • 200 g Sahne • 4 Stängel glatte Petersilie • Salz und schwarzer Pfeffer

1. Die Muscheln gründlich säubern und abbürsten. Die Schalotte schälen und fein hacken. In einem großen Kochtopf die Butter zerlassen und die Schalotte mit einer Prise Salz darin anschwitzen. Mit 2 Glas Wasser aufgießen und die Muscheln zufügen. Zugedeckt bei starker Hitze 3 Minuten garen, bis sich alle Muscheln geöffnet haben. Den Sud abseihen, die Muscheln beiseitestellen und den Sud auf die Hälfte reduzieren. Die Fischbrühe zugießen und ebenfalls beiseitestellen.

2. Die Orange zur Hälfte abreiben, den Saft auspressen und beiseitestellen. Die Zwiebel und den Knoblauch schälen und fein hacken. Den Staudensellerie in Scheiben schneiden, die Kartoffeln schälen und in kleine Würfel schneiden.

3. In einem zweiten großen Kochtopf das Olivenöl erhitzen und die Zwiebel mit einer Prise Salz anschwitzen. Den Knoblauch, die geriebene Orangenschale und den Staudensellerie zufügen und 2 Minuten unter mehrmaligem Rühren anschwitzen. Mit dem Muschelsud aufgießen. Die Kartoffeln und die Safranfäden zugeben und 20 Minuten garen. Sobald die Kartoffeln gar sind, die Sahne, den Orangensaft und die Muscheln zufügen und bei schwacher Hitze 2–3 Minuten weiterköcheln lassen. Mit Salz und Pfeffer abschmecken.

4. Die Petersilie grob hacken und zur heißen Suppe servieren.

EINFACH

Für **4–6** Personen
Zubereitungszeit: **20** Minuten
Garzeit: **10** Minuten
Budget: €€

MIESMUSCHELSUPPE MIT ROTER CURRYPASTE

2 kg Miesmuscheln • 2 Schalotten • 2 Knoblauchzehen • 150 g Zuckerschoten • 2 kleine rote Chilischoten (nach Belieben) • 2 EL Olivenöl • 2 EL rote Currypaste • 1,5 l Fischbrühe (s. S. 16) oder Instant-Fischbrühe + 1,5 l Wasser • 1 Limette • 6 Stängel Koriandergrün • Salz

1. Die Miesmuscheln gründlich säubern und abbürsten. Die Schalotten und die Knoblauchzehen schälen und fein hacken. Die Zuckerschoten schräg halbieren. Die Chilischoten halbieren, den Stielansatz und die Samen entfernen und das Fruchtfleisch in hauchdünne Streifen schneiden.

2. In einem großen Topf das Olivenöl erhitzen und die Schalotten mit einer Prise Salz anschwitzen. Den Knoblauch und die rote Currypaste zufügen. Das Ganze 1 Minute anschwitzen und gut verrühren. Mit der Fischbrühe auffüllen und die Hitze reduzieren. Die Zuckerschoten zugeben und ohne Deckel weitere 5 Minuten köcheln lassen. Die Muscheln in die Fischbrühe geben und weitere 3–4 Minuten garen, bis sich alle Muscheln geöffnet haben.

3. Die Suppe mit den Chilistreifen, der geriebenen Limettenschale und den abgezupften Korianderblättchen bestreuen und heiß servieren.

EINFACH

Für **6** Personen
Zubereitungszeit: **20** Minuten
Garzeit: **30** Minuten
Budget: €€

PASTINAKENSUPPE MIT JAKOBSMUSCHELN UND GERÖSTETEN HASELNÜSSEN

Für die Suppe:
1 kg Pastinaken • 2 Zwiebeln • 3 EL Olivenöl • 1,5 l Geflügelbrühe (s. S. 15) oder 3 Würfel Bio-Geflügelbrühe + 1,5 l Wasser • 100 g Sahne • schwarzer Pfeffer

Für die Suppeneinlage:
50 g ganze Haselnüsse • 30 kleine Jakobsmuscheln • 30 g Butter • Fleur de Sel • schwarzer Pfeffer

Außerdem:
Backblech • Backpapier • Mixer oder Pürierstab

1. Den Backofen auf 200 °C vorheizen. Die Pastinaken schälen und in 5 cm große Stücke schneiden. Die Zwiebel ebenfalls schälen und in Streifen schneiden. Das Backblech mit Backpapier auslegen. Die Zwiebeln und die Pastinaken darauf verteilen und mit Fleur de Sel und Pfeffer bestreuen. Mit dem Olivenöl beträufeln und 25–30 Minuten im Backofen rösten.

2. Die Haselnüsse mit einem großen Messer klein hacken und in einer beschichteten Pfanne ohne Fett rösten, bis sie goldbraun sind. Zum Garnieren beiseitestellen.

3. Die Zwiebeln und Pastinaken in einen großen Topf geben und mit der Brühe aufgießen. Alles zusammen noch mal gut erhitzen und mit dem Pürierstab oder im Mixer glatt pürieren. Die Sahne zufügen und cremig einrühren. Mit Meersalz und Pfeffer abschmecken.

4. In einer Pfanne die Butter zerlassen und die Jakobsmuscheln auf beiden Seiten goldbraun braten. Mit Meersalz und schwarzem Pfeffer abschmecken.

5. Die Suppe in vorgewärmte Teller füllen. Mit den Jakobsmuscheln und den gerösteten Haselnüssen darüber verteilt heiß servieren.

EINFACH

Für **4–6** Personen
Zubereitungszeit: **25** Minuten
Garzeit: **20** Minuten
Budget: €€

FISCHSUPPE MIT MUSCHELN UND KRUSTENTIEREN

2 Schalotten • 2 Knoblauchzehen • 5 Tomaten • 400 g Kabeljau ohne Haut und Gräten • 200 g rohe Garnelen • 2 EL Olivenöl • 100 ml Weißwein • 1 Zweig Thymian • 1 l Fischbrühe (s. S. 16) oder Instant-Fischbrühe + 1 l Wasser • 24 rohe Venusmuscheln • 1 Msp. Safranpulver • 2 EL Crème fraîche (nach Belieben) • ¼ Bund glatte Petersilie • Salz und schwarzer Pfeffer

1. Die Schalotten und die Knoblauchzehen schälen und fein hacken. Die Tomaten vom Stielansatz trennen und in kleine Würfel schneiden. Den Kabeljau in mundgerechte Stücke teilen. Von den Garnelen mit einem spitzen Messer die Schale und den Darm entfernen.

2. In einem großen Kochtopf das Olivenöl erhitzen und die Schalotten mit einer Prise Salz darin anschwitzen. Den Knoblauch zugeben und 2 Minuten unter mehrmaligem Rühren anbraten. Mit dem Weißwein ablöschen und den Fond bei mittlerer Hitze auf drei Viertel der Menge reduzieren.

3. Die Tomaten, den Thymian und die Gemüsebrühe zufügen. Alles noch mal zum Kochen bringen und bei schwacher Hitze 15 Minuten weiter garen. Den Kabeljau, die Garnelen, Venusmuscheln und das Safranpulver zugeben und 3–4 Minuten mitgaren. Nach Belieben die Crème fraîche zufügen und mit Salz und Pfeffer abschmecken.

4. Die Suppe mit gehackter Petersilie bestreuen und heiß servieren.

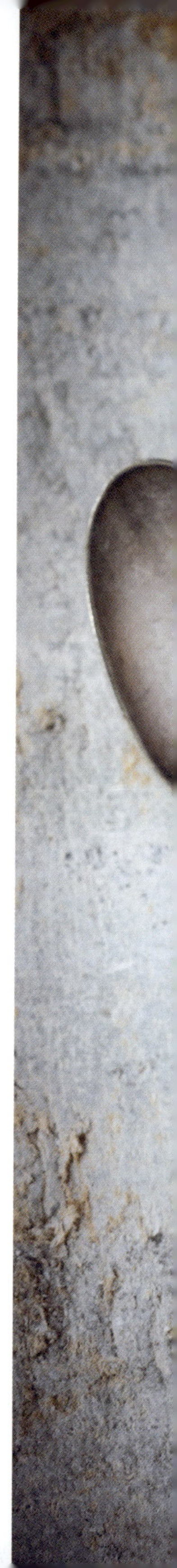

EINFACH

Für **4–6** Personen
Zubereitungszeit: **30** Minuten
Garzeit: **35** Minuten
Budget €€

FENCHELSUPPE MIT SARDINEN-SPECK-RÖLLCHEN

100 g Kartoffeln • 2 Schalotten • 300 g Fenchelknollen mit Fenchelgrün • 2 EL Olivenöl • 400 ml Gemüsebrühe (s. S. 17) oder 1 Würfel Bio-Gemüsebrühe + 400 ml Wasser • ½ TL Safranfäden (etwa 30 Stück oder ersatzweise 2 Msp. Safranpulver) • 2 EL Crème fraîche • 3 dünne Scheiben durchwachsener Speck • 6 Sardinen, in Olivenöl eingelegt • Salz und schwarzer Pfeffer

Außerdem:
Mixer oder Pürierstab • 6 Holzspieße

1. Die Kartoffeln schälen und in kleine Würfel schneiden. Die Schalotten ebenfalls schälen und fein hacken. Das Fenchelgrün von der Knolle abschneiden und zum Garnieren beiseitelegen. Die Fenchelknolle halbieren, die groben Stiele und den Strunk entfernen; in Stücke schneiden.

2. In einem großen Kochtopf das Olivenöl erhitzen und die Schalotten mit einer Prise Salz anschwitzen. Die Fenchelstücke zugeben und bei schwacher Hitze unter ständigem Rühren 5 Minuten garen. Die Gemüsebrühe zugießen und die Kartoffeln mit 4–5 Safranfäden zugeben. Zugedeckt zum Kochen bringen und bei sanfter Hitze 25 Minuten köcheln lassen, bis das Gemüse gar ist.

3. Die Suppe mit dem Pürierstab oder im Mixer glatt pürieren und die Crème fraîche zufügen, bis eine cremige Konsistenz erreicht ist. Nach Belieben salzen und pfeffern.

4. Die Speckscheiben längs halbieren. Die Sardinen auf einem Küchenpapier abtropfen lassen, bis das Öl aufgesaugt ist. Dann jeweils mit einer halben Speckscheibe umwickeln und mit einem Holzspieß feststecken. Die Sardinen-Speck-Röllchen in einer beschichteten Pfanne ohne Fett rundum anbraten.

5. Die Suppe in vorgewärmte Teller füllen. Mit gehacktem Fenchelgrün und den restlichen Safranfäden garnieren. Die Sardinen-Speck-Röllchen dazu servieren.

SELBST GEMACHT

KALTE SUPPEN

EINFACH

Für **4–6** Personen
Zubereitungszeit: **20** Minuten
Kühlzeit: **2** Stunden
Budget: €

KALTE ROTE-BETE-SUPPE MIT RICOTTA

½ Salatgurke • 2 Knoblauchzehen • 4 Rote Bete, vorgegart und geschält • 3 EL Ricotta • 1 Bund Schnittlauch • 3 EL Olivenöl • Salz und schwarzer Pfeffer

Außerdem:
Mixer oder Pürierstab

1. Die Salatgurke schälen und längs halbieren. Die Samen mit einem kleinen Löffel herauslösen. Die Knoblauchzehen schälen und zerdrücken. Gegebenenfalls vorher den grünen Keim entfernen.

2. Die Rote-Bete-Knollen und die Gurkenhälften in grobe Stücke schneiden und mit dem Knoblauch und Ricotta im Mixer oder mit dem Pürierstab glatt pürieren. Nach Belieben etwas kaltes Wasser hinzugießen, bis eine cremige Konsistenz erreicht ist. Mit Salz und Pfeffer abschmecken. 2 Stunden kalt stellen.

3. Kurz vor dem Servieren den Schnittlauch in feine Röllchen schneiden. Die Suppe in Suppenschüsseln verteilen, mit etwas Olivenöl besprenkeln und mit den Schnittlauchröllchen bestreuen.

EINFACH

Für **4–6** Personen
Zubereitungszeit: **15** Minuten
Garzeit: **25** Minuten
Kühlzeit: **2** Stunden
Budget: €

KALTE MÖHRENSUPPE MIT INGWER UND KOKOSMILCH

1 kg Möhren • 1 cm frische Ingwerwurzel • 1 Zwiebel • 2 EL Olivenöl • 1,5 l Geflügelbrühe (s. S. 15) oder 3 Würfel Bio-Geflügelbrühe + 1,5 l Wasser • 200 ml Kokosmilch • 12 Stängel Koriandergrün • Salz und schwarzer Pfeffer

1. Die Möhren und den Ingwer schälen und in dünne Scheiben schneiden. Die Zwiebel ebenfalls schälen und fein hacken. Die Korianderblättchen von den Stängeln zupfen und zum Garnieren beiseitestellen.

2. In einem großen Kochtopf das Olivenöl erhitzen und die Zwiebel mit einer Prise Salz anschwitzen. Die Möhren und den Ingwer zugeben und 3–4 Minuten dünsten. Dann mit der Geflügelbrühe auffüllen. Das Ganze zum Kochen bringen und etwa 20 Minuten sanft köcheln lassen, bis die Möhren gar sind.

3. Die Suppe mit dem Pürierstab oder im Mixer glatt pürieren und die Kokosmilch zufügen, bis eine cremige Konsistenz erreicht ist. Die Suppe abschmecken und bei Raumtemperatur abkühlen lassen. Zum Servieren mindestens 2 Stunden in den Kühlschrank stellen.

4. Gut gekühlt mit den Korianderblättchen und schwarzem Pfeffer bestreut servieren.

EINFACH

Für **6** Personen
Zubereitungszeit: **15** Minuten
Garzeit: **25** Minuten
Kühlzeit: **4** Stunden
Budget: €

KALTE APFEL-SELLERIE-SUPPE

1 Knollensellerie • 2 Granny-Smith-Äpfel • Saft von ½ Zitrone • 1 Zwiebel • 1–2 EL Olivenöl • 30 g ganze Haselnüsse • Salz und Pfeffer

Außerdem:
Mixer oder Pürierstab

1. Die Sellerieknolle und die Äpfel schälen und in grobe Würfel schneiden. Die Apfelstücke mit Zitronensaft beträufeln, damit sie sich nicht braun verfärben. Die Zwiebel ebenfalls schälen und fein hacken.

2. In einem großen Kochtopf das Olivenöl sanft erhitzen und die Zwiebel mit einer Prise Salz anschwitzen. Die Apfel- und Selleriewürfel zugeben und unter mehrmaligem Umrühren 5 Minuten dünsten. Mit 1,2 ℓ Wasser auffüllen. Salzen und pfeffern. Das Ganze zugedeckt zum Kochen bringen und bei schwacher Hitze 20 Minuten weiterköcheln lassen.

3. Die Suppe mit dem Pürierstab oder im Mixer glatt pürieren. Nochmals abschmecken und bei Raumtemperatur abkühlen lassen. Zum Servieren mindestens 4 Stunden in den Kühlschrank stellen.

4. In einer beschichteten Pfanne die Haselnüsse ohne Fett anrösten. Vom Herd nehmen und abkühlen lassen. Dann mit einem großen Messer grob hacken.

5. Die Suppe mit den gerösteten Haselnussstücken bestreuen und gut gekühlt servieren.

EINFACH

Für **4–6** Personen
Zubereitungszeit: **40** Minuten
Kühlzeit: **1** Stunde
Budget: €

TOMATEN-GEMÜSE-GAZPACHO

1,5 kg Tomaten • 3 Knoblauchzehen • ½ Bund Basilikum • 3 EL Balsamico-Essig • Saft von ½ Limette • 4–5 Spritzer Tabasco • ½ Salatgurke • 1 gelbe Paprikaschote • 1 orangefarbene Paprikaschote • 1 rote Zwiebel • ½ Ciabatta-Brötchen vom Vortag • 3 EL Olivenöl • Salz und schwarzer Pfeffer

Außerdem:
Mixer oder Pürierstab • Tomaten-/Gemüseschäler mit ganz feinen Zacken

1. Die Tomaten mit einem feinzackigen Gemüseschäler häuten oder 30 Sekunden in kochendes Wasser tauchen. Dann aus dem Topf nehmen und sofort in Eiswasser abschrecken. So lässt sich die Haut ganz leicht mit einem spitzen Küchenmesser ablösen. Den Stielansatz von den Tomaten entfernen, die Samen entfernen und das Fruchtfleisch in grobe Würfel schneiden. Die Knoblauchzehen schälen, halbieren und zerdrücken. Die Basilikumblättchen von den Stängeln abzupfen. Einige Blättchen zum Garnieren beiseitestellen.

2. Die Tomatenstücke, den Knoblauch und die Basilikumblättchen zusammen mit dem Essig, dem Limettensaft und Tabasco im Mixer oder mit dem Pürierstab glatt pürieren. Salzen und pfeffern. Dann 1 Stunde kalt stellen.

3. Die Salatgurke längs halbieren und die Samen mit einem kleinen Löffel herausschaben. Beide Gurkenhälften in feine Würfelchen schneiden. Von den Paprikaschoten den Stielansatz, Samen und Trennwände entfernen und – falls vorhanden – mit einem feinzackigen Gemüseschäler häuten. Ebenfalls in feine Würfel schneiden. Die rote Zwiebel schälen und fein hacken. Das Ciabatta-Brötchen in grobe Würfel schneiden und diese in einer Pfanne mit 2 EL Olivenöl goldbraun rösten.

4. Die gut gekühlte Gazpacho in tiefe Teller oder in Gläser füllen. Die Suppe mit den Gemüsestückchen (Gurke, Paprika und rote Zwiebel), den Croûtons und den zerkleinerten Basilikumblättchen garnieren. Auf jeder Portion kann noch ein Schuss Olivenöl verteilt werden.

EINFACH

Für **4–6** Personen
Zubereitungszeit: **15** Minuten
Kühlzeit: **1** Stunde
Budget: €€

EISGEKÜHLTE GURKENSUPPE MIT LACHSKAVIAR-SCHNITTCHEN

2 Salatgurken • 1 Knoblauchzehe • 8 Blättchen frische Minze • 2 Becher griechischer Joghurt • 3 Scheiben Roggenbrot • 100 g Doppelrahmfrischkäse • 1 Glas Lachskaviar • Salz und schwarzer Pfeffer

Außerdem:
Mixer oder Pürierstab

1. Die Salatgurken schälen und längs halbieren. Die Samen mit einem kleinen Löffel herauslösen und die beiden Gurkenhälften in kleine Würfel schneiden. Die Knoblauchzehen schälen und zerdrücken. Mit der Minze und dem Joghurt mischen und im Mixer oder mit dem Pürierstab glatt pürieren. Etwas Wasser zufügen, bis die Suppe cremig ist. Salzen und pfeffern und mindestens 1 Stunde kalt stellen.

2. Inzwischen das Brot halbieren oder in schmale Streifen schneiden und mit dem Frischkäse bestreichen. Den Lachskaviar darauf verteilen.

3. Die Suppe nochmals pürieren, in Tassen verteilen und nach Belieben je einen Eiswürfel zugeben. Mit Minzblättchen garniert eisgekühlt servieren.

EINFACH

Für **4–6** Personen
Zubereitungszeit: **15** Minuten
Garzeit: **15** Minuten
Kühlzeit: **1** Stunde
Budget €

KALTE ZUCCHINI-SUPPE MIT MINZE UND FRISCHKÄSE

3 Zucchini • 2 Schalotten • 100 g Doppelrahmfrischkäse • 10–15 Stängel Minze, Blättchen abgezupft • 25 g Butter • Salz und schwarzer Pfeffer

Außerdem:
Mixer oder Pürierstab

1. Die Zucchini streifenweise so schälen, dass noch etwas Grün stehen bleibt und in Stücke schneiden. Die Schalotten schälen und fein hacken. In einem großen Kochtopf die Butter zerlassen und die Schalotten darin anschwitzen. Die Zucchini zufügen und mit 1,2 ℓ Wasser bedecken. Salzen und pfeffern. Das Ganze zum Kochen bringen und bei schwacher Hitze 15 Minuten sanft köcheln lassen.

2. Den Frischkäse und die Minze zugeben (einige Blättchen zum Garnieren beiseitestellen) und die Suppe mit dem Pürierstab oder im Mixer glatt pürieren, bis eine cremige Konsistenz erreicht ist. Nach Belieben mit Salz und Pfeffer abschmecken.

3. Die Suppe bei Raumtemperatur abkühlen lassen und anschließend mindestens 1 Stunde kalt stellen. Mit Minzblättchen garniert gut gekühlt servieren.

EINFACH

Für **4–6** Personen
Zubereitungszeit: **20** Minuten
Garzeit: **5** Minuten
Kühlzeit: **1** Stunde **30** Minuten
Budget: €€

KALTE MÖHRENSUPPE MIT ENTENBRUST-SPIESSCHEN

Für die Suppe:
2 Granny-Smith-Äpfel • 750 ml Möhrensaft • Salz und Pfeffer

Für die Entenbrust-Spieße:
1 Entenbrust • 6 Kumquats • 2 EL Olivenöl • 16 große blaue Weintrauben • ½–1 EL flüssiger Honig • 1 EL Sojasauce • 1 EL Balsamico-Essig • 1 ELSesamsamen • Salz und schwarzer Pfeffer

Außerdem:
Mixer oder Pürierstab • 8 Holzspieße (oder Edelstahlspieße)

1. Die Äpfel schälen, entkernen und in kleine Würfel schneiden. Den Möhrensaft zusammen mit den Apfelstücken pürieren. Salzen und pfeffern. Mindestens 1,5 Stunden kalt stellen.

2. Von der Entenbrust das Fett entfernen und das Fleisch in 1,5 cm große Würfel schneiden. Die Kumquats vom Stielansatz befreien und halbieren. In einer beschichteten Pfanne das Olivenöl erhitzen und die Entenbrustwürfel rundum anbraten, bis sie goldbraun sind. Die Kumquats und Weintrauben zugeben und 1 Minute stark erhitzen. Dabei den Honig, die Sojasauce, den Balsamico-Essig und die Sesamsamen rasch zufügen, bis alles gleichmäßig verteilt ist.

3. Die Obst- und Entenbruststückchen abwechselnd auf die Holzspieße stecken und zusammen mit der gut gekühlten Möhrensuppe servieren.

froide carottes
+
Smith

EINFACH

Für **4–6** Personen
Zubereitungszeit: **20** Minuten
Garzeit: **25** Minuten
Kühlzeit: **2** Stunden
Budget: €€

KALTE FLUSSKREBS-SUPPE MIT LIMETTE

30 Flusskrebse • 1 Zwiebel • 1 Möhre • 3 cm frische Ingwerwurzel • 3 Stängel Basilikum • 2 EL Olivenöl • 25 g Butter • 100 ml Cognac (etwa 3 Schnapsgläschen) • 1 EL Tomatenmark • 800 ml Geflügelbrühe (s. S. 15) oder 1,5 Würfel Bio-Geflügelbrühe + 800 ml Wasser • 200 g Sahne • ½ Salatgurke • 2 vollreife Tomaten • 2 Frühlingszwiebeln • 2 Limetten • Salz und Piment d'Espelette

1. In einem großen Topf Salzwasser zum Kochen bringen und die Krebse nach und nach zugeben. 2 Minuten kochen lassen, vom Herd nehmen und kurz ziehen lassen. Die Krebse herausnehmen und etwas abkühlen lassen.

2. Die Zwiebel und die Möhre schälen und fein hacken. Den Ingwer in feine Scheiben schneiden und die Basilikumblättchen von den Stielen zupfen. Das Krebsfleisch aus den Schalen lösen, den fadenförmigen, dunklen Darm entfernen und kalt stellen. Die Köpfe und Scheren für den Fond beiseitestellen.

3. In einem großen Kochtopf das Olivenöl und die Butter erhitzen und die Krebsköpfe und -scheren 5 Minuten darin anbraten. Die Möhre, den Ingwer und die Zwiebel zugeben und zugedeckt 5 Minuten mitgaren lassen. Den Cognac angießen und flambieren. Das Tomatenmark, die Basilikumblättchen und die Brühe zufügen. Unter mehrmaligem Umrühren 10 Minuten köcheln lassen. Die Suppe durch ein feines Sieb streichen, dabei durchpressen, um möglichst viel Flüssigkeit zu gewinnen.

4. Die Sahne zufügen, gut verrühren und weitere 3 Minuten ziehen lassen. Salzen und mit Piment d'Espelette würzen. Bei Raumtemperatur abkühlen lassen und anschließend noch 2 Stunden kalt stellen. In der Zwischenzeit die Gurke schälen, entkernen und in feine Würfel schneiden. Die Tomaten häuten, die Samen entfernen und das Fruchtfleisch ebenfalls würfeln. Von den Frühlingszwiebeln nur das Grün in feine Ringe schneiden. Die Limetten vierteln.

5. Die gut gekühlte Suppe auf Schalen verteilen und mit Zwiebelringen bestreuen. Die Gurken- und Tomatenwürfel mit den Limettenvierteln auf einem extra Teller servieren.

EINFACH

Für **4–6** Personen
Zubereitungszeit: **20** Minuten
Kühlzeit: **1** Stunde
Budget: €

LAUCH-KARTOFFEL-SUPPE

3 Stangen Lauch • 500 g mehligkochende Kartoffeln • 1,2 l Geflügelbrühe (s. S. 15) oder 2 Würfel Bio-Geflügelbrühe + 1,2 l Wasser • 100 ml Milch • ½ Bund Schnittlauch • 150 g Sahne • 25 g Butter • Salz und schwarzer Pfeffer

Außerdem:
Elektrisches Handrührgerät

1. Vom Lauch den dunkelgrünen Teil entfernen und den weißen und hellgrünen Teil in Ringe schneiden. Die Kartoffeln schälen und in Würfel schneiden.

2. In einem großen Kochtopf die Butter zerlassen und den Lauch darin anschwitzen, ohne dass er Farbe annimmt. Die Kartoffeln zugeben und mit der Geflügelbrühe und der Milch angießen. Salzen und pfeffern. Das Ganze zum Kochen bringen und etwa 15 Minuten bei schwacher Hitze weiterköcheln lassen, bis die Kartoffeln gar sind.

3. Die Suppe mit dem Pürierstab oder im Mixer glatt pürieren, bis eine cremige Konsistenz erreicht ist. Bei Raumtemperatur abkühlen lassen und anschließend mindestens 1 Stunde kühl stellen.

4. Inzwischen den Schnittlauch in feine Röllchen schneiden und die Sahne steif schlagen. Die gut gekühlte Suppe noch einmal abschmecken und mit einem Sahnenocken anrichten. Die Schnittlauchröllchen darüber streuen.